神さまがくれたたった一つの宇宙の法則

The only universal law God gave us

上《う》江《え》洲《ず》義《よし》秀《ひで》

明窓出版

目次

プロローグ……8

第1章　愛は完全なる法則

幸福論Ⅰ……12　／　幸福論Ⅱ……14　／　幸福論Ⅲ……16
永遠の幸福……18　／　全ての原因は自分に……20
愛に満たされて……22　／　この世の学習条件……24
記憶と記録……26　／　生まれ変わりを認める……28
親子の学び……30　／　共振する親と子……32
真の仏壇……34　／　守護神……36
病の本質……38　／　気の力……40
心と脳……42　／　チャクラと松果体……44
あなたがあなたであること……46　／　自分を愛すとは……48

第2章　自他一体

一命一体自他一体……52　／　隣　人……54
恋　愛……56　／　結　婚……58　／　親和力……60
人を耕す……62　／　応援される人……64
ことだま……66　／　誉める力……68
差別について……70　／　分離感と識別……72
赦す難しさ……74　／　現象からの学び……76
内と外……78　／　愛着と執着……80
人の思いに対応する……82　／　思いの糸……84
相手の後ろ様との対話……86　／　大業成就……88
運を一瞬で変える……90

第3章　霊魂の法則

生まれ変わりのサイクル……94　／　天の法則、地の法則……96

霊魂について……98／魂のランク……100
過去生と血統……102／カルマの罠……104
カルマゼロへ……106／家系の影が出る時……108
自殺を繰りかえす魂……110／未浄化霊……112
浄　化……114／三つの像……116
像と象徴……118／高い波動……120
霊子線……122／光話の中で……124
霊道とラップ音……126／時空を超えてある……128
UFO Ⅰ……130／UFO Ⅱ……132

第4章　明想とは

聖なる存在……136／戴　冠Ⅰ……138／戴　冠Ⅱ……140
争いのない世界……142／真栄田岬にて……144
私と明想とチャクラ……146／ヒーリングⅠ……148
ヒーリングⅡ……150／ヒーリングⅢ……152

気づきと明想……154 ／ 明想の意義……156
明想の境地……158 ／ 光の帯の体験……160
根源の世界……162 ／ 実相の光……164
明想と無……166 ／ 明想は両刃の剣……168
明想と呼吸……170 ／ 蓮の花開く……172
内なる声に従いて……174 ／ 明想と集中……176
聖なる力……178 ／ 明想の真の目的……180

第5章　良き杖として

この世の仕事……184 ／ お金の魅力と魔力……186
お金のエネルギー……188 ／ 心の宝箱……190
陰と陽……192 ／ 家を選ぶ……194
掃除力……196 ／ 神秘の太陽……198
易占を超えて……200 ／ 夢……202
場の力……204 ／ 神社・仏閣との接し方……206

神　道Ⅰ……208／神　道Ⅱ……210
龍　神Ⅰ……212／龍　神Ⅱ……214
石の啓示……216／音の癒し……218
オーラ……220／塩……222
身口意と運……224／真の人柱……226

編集後記①……228
編集後記②……230
編集後記③……231
編集後記④……234

プロローグ

私が長い間にわたる明想によってより高き境地に達することができ、さらに日々、より高みを目ざして歩んできたように、皆さまもそうあっていただきたいと思います。

過去生においてすでに覚醒と呼べる段階に達していたのに加え、今世でも十数年にわたる真栄田岬《まえだみさき》での明想を続け、皆さまにその果実をお伝えできると思えるまで自らの境地を高めてきたと自負しております。そして日々の精進は続いているのです。

静心の中で得た気づきの一つひとつを、明想という場を離れた日常生活の中でも生かしていただきたいと考えます。

この書の趣旨は、私たちの実生活上の視点を意識したものになっています。永遠の魂の向上こそ私たちの目的ですが、実生活の中での魂磨《たまみが》きこそ、この世に生きる意味といえるのです。

そのような意味で、少しでも皆さまの境地が高まるように、日々の生活を送る上での杖になればと考えてこの書を世に送ります。

時の流れがはやくなり、片隅にある小さな汚れさえもが隠すことができなくなる中で、「天船に乗りし我、二度とこの世の波に呑まれることなし」という心境であっていただきたいと思います。

上江洲義秀

第1章　愛は完全なる法則

あなたがこの世に生まれてきたというのは遺伝学的にみても非常に稀《まれ》な確率で、そのこと自体が奇跡と言えるのではないでしょうか。夥《おびただ》しい可能性の中から精子と卵子が出会い結ばれ、魂が入り……、そうした奇跡の連続の結果こそがあなたなのです。

そして、あなたがあなたであることで宇宙は進化していきます。あなたこそが原因であり結果そのもの、そして原因と結果が交差する今という場を生きているかけがえのない存在なのです。

かつて仏陀は私の前にあらわれ、「足元を見ることができないのにどうして遠くを見られると思うのか」と言われました。

日々の生活の中の気づきこそがより良く生きるための鍵であり、日々を幸せに生きることなくして悟りはないということではないでしょうか。

「今、ここにある」という意識こそが大切で、私たちの気づきが深まるにつれて、今に生きることに感謝できる存在になれるのです。

この章ではまず、自らを幸運体質にするための土台を示していきます。

私たちはこの世にどのような条件で生まれてきたかをはじめとして、基本的なことを記していきます。

小さな気づきの積み重ねが、幸せに満ち足りたあなたへの一歩になることを願っています。

幸福論 I

幸福の定義は、人の数だけあると言っても過言ではないと思います。

一人ひとり辿ってこられた過去生や過去が違い、積み重ねてきた身口意《しんくい》（行ない、話し、思い）も異なり、その思いも様々だからです。

世の中には、誰もが羨むほど心身共に幸せそうな方が実際におられるのも事実です。皆さまも映画の主人公のように、この世の幸せを全身で味わいたいと思ったことが一度はあるのではないでしょうか。

私たちは決してそれを否定することはできませんし、物質的な栄華を捨てて清貧に生きよと申し上げることもできません。

ただ一つ言えることは、それぞれの方はそれぞれに積み重ねた原因を受け取っているだけということです。

一時成功され、多くの注目を浴びたものの、いつしかその姿を見なくなった方がいる一方で、成功の階段を登り続けている方、また失意の淵から再び這い上がってくる方がおられます。

その差を作る大きな要因は、心の気づきにあるのではないでしょうか。陰日なたの別なく行なってきた原因の積み重ねが、偶然ではない結果を生んでおり、人は気づきによって変わることができることを知っていただきたいと思います。

私たちは日々、静心を保って原因という良い種を蒔き続けていかねばなりません。

それらの種は風雪に耐え、いつかは花開くものであり、たとえ現在が幸運に満たされていても、驕《おご》ることなく日々ひたすら種を蒔き続けることが道を拓いてゆくのです。

この世の荒い波動の渦の中にいて、身口意に気を配り、湧き上がろうとする怖れや不安を払い、守護してくださる目に見えない方々や縁生の方々への感謝の気持ちを忘れず、自身の中にある神との融合を目ざして進むことです。

それが永久不滅の運を、あなたにもたらすのです。

幸福論 Ⅱ

今、苦しみの中にいる人は、少しでも早くその苦しみから脱したいと思うでしょうし、その日一日を楽しく過ごすことが何よりの幸せと思う方もおられます。

知的な探求心を満たしたいという方、経済的に恵まれ、大邸宅で何不自由なく暮らしたいという方もいらっしゃるでしょうし、人はそれぞれの思いを持っています。

幸せの風景は、それぞれの方の境地が反映されたものであり、主軸をどこにおくかで全く異なったものになります。

永遠に続く命から考える時、安らかに穏やかに愛に満たされて生き続けることが、幸せと言えるのではないでしょうか。

幸せは、周囲に愛を放って生き通すことで追いかけてくるのです。

そして、日々の「気づき」の積み重ねが、過去の意味を変え、未来の方向性をも変えてゆくのです。

私たちに残された聖書や仏典は、私たちがより良く生きるための方法を具体的な例えも含めて、やさしく説いています。

さらに、この世における幸せとともに、永遠の命という視点に立った幸せにも目が配られているのです。

「永遠の命の向上とこの世の幸せは両立できるのか。人はいずれか一方を選択しなければならないものなのか。そして、この世もあの世も来世でも幸せであり続ける方法はないものか」とは、誰もが考えることではないでしょうか。

ある方々は、この世での「解脱」によって一気にこの悩みを解決しようとするでしょうし、ある方々は自分にあった方法と速さで、この世でできることを積み重ねていこうとするのです。

全ては自らが手探りによって得た「気づき」によって最善と思う方法を選択して人生を歩んでいくわけですが、永遠の幸せを手にする近道というものがあり、それはこの世も含めた「宇宙の法則」という宝箱を開くことなのです。

幸福論 Ⅲ

現在の自分をとりまく全てに対して心の底から感謝できる人が、本当に幸福と言えるのではないでしょうか。

巷間でよく言われるように、「ありがとうございます」という感謝の言葉は、現象として目の前で起きる全てを肯定し祝福する言葉で、幸福への道を力強く作ってくれるものです。

ありがたいことが起きる――しかもそれは夥しい原因の結果として必然的に継続して起こるのです。ありがたいことが必ず起きるという幸福に、日々私たちは包まれて生きているのです。

あなたは、目の前で起きている奇跡の連続である現実を、喜びを持って一つひとつ言葉にして言うことができるでしょうか。たえることなく呼吸し、手を動かし、二足を使って歩くことができ、電車という便利なものを使って移動し、空腹を感じて昼食をとることができ、友人や恋人とお酒をくみ交わし、散歩や運動、趣味を楽しむことができるのは何と幸せなことでしょうか。

私たちは足らざることに苦しむよりも、今あることに感謝と喜びをあらわすべきではないでしょうか。

過度な願望は現実を認めていないことであり、すでに必要なものを結果として全ていただいている自分自身を否定していることでもあるのです。

宇宙は一命一体、自他一体の延長としての全一体として存在し、良いと思われることも悪いと思われることも全て良きこととして日々起こっています。それは原因が作り出す結果として絶妙な計算のもとに、必然的にあらわれているのです。

現実を作り上げ、それに対して評価しているのは全てあなた自身の頭の中の作業なのです。あなたは全体の一部であり、他の喜びも悲しみもあなた自身の喜び、悲しみです。

全てのものは全てのものを幸せにするために存在し、全ての人は全ての人を幸せにするために存在しているのです。

永遠の幸福

一年のうちに数度、それも霧のような僅かな雨しか降らぬ土地に咲く小さな花々を見て、私たちはその花々を不幸だと言えるでしょうか。

花々は長い間、待ちのぞんでいた水滴を歓喜に満ちて全身で受け取っているのです。

私たちは、全ての本質は根源に存在していることを知らなければなりません。

この世にいる多くの人々は「結果」から得ようとし、日々求め、もがいています。

しかし本質から見ると、全てはすでに与えられているのです。私たちは悟りという神の義から手に入れることができるのです。

目の前にあるものは積み重ねられた原因のあらわれ、身口意のあらわれであり、「日々の仕事の中で神の義から得よ」というとらえ方を肯定すれば、私たちは必要なものをすでに与えられていることを知るのです。

私たちの意識を、肉体、物質、金銭から少しずつ心へと比重を移すことで、神の義が私たちを自然と導くようになるのです。

幸せというものの定義はその多様性ゆえに難しいとは言え、ある意味、どこか似通ったものを思い浮かべてしまう一面もあると言えるのではないでしょうか。

この世では、調和に満ちた穏やかで幸せな風景が日々展開していく一方で、予期せぬ様々な現象に直面し、自らの中にある魂の癖ともいうものが噴き出そうとする時があるものです。

私たちは、感情が優先し、怒りに打ち震えそうになる時、一呼吸おくことで幸せを手離さずにすむことができるのです。第三者の目で、自らがおかれている状況を冷静に観察することも大切です。

私たちは、その身口意を通して自らを癒し、周囲の人々を幸せにしていかなければなりません。

人は、万物の霊長として全てのものを幸せにするためにこの世に存在していることを、心から悟らなければならないのです。

全ての原因は自分に

目の前の現象は突然どこからともなくやってくるものではなく、原因として自分の意思が作り招いているのです。

運を良くするには、「全ての原因は自分にある」と心の底から思うことです。

このように意識を正してゆくと、私たちは根源（本質、実相）の世界とつながりやすくなります。

肉を求める者は肉ゆえに滅び、欲に走る者は欲ゆえに滅びます。

逆に良い結果を招くのも他ならぬ自分なのです。

私たちは人に寛容で驕《おご》ることなく、自らの利益のみを求めず、他と分かち合うことが大切で、穏やかな気持ちで日々を過ごしていかなければなりません。

静心こそが災いを避け、良い運を招くのです。

人は過ぎ去ったことを気にするものですが、過去の映像に執着することは過去という幻にとらわれることになります。

もしあなたが過去に誰かを傷つけたならば、今から人を傷つけないようにし、日々の行ないに責任をもち、それを積み重ねていけば運は変わります。

「気づき」こそがあなたの運を変えるのです。

私たちは日々、結果を見ているとともに、原因となるものを日々積み重ねています。原因から手に入れる――原因としての天国からすでに与えられていることを知らねばなりません。

目の前の現象は全て必然で、自らの学びのためにあると気づき、それを受け入れることで、過去の数々の出来事の意味も変わり、全てが意義あることとして光を放つようになるのです。

パーソナルヒストリーの書きかえが極めて自然におこなわれてゆき、御本人の学びが一段と深まってゆきます。それは、宇宙の意志による自然な流れなのです。

愛に満たされて

自らの魂と肉体の一体感が希薄であれば、その意識を良い方向に運ぶことは難しいものです。一命一体は運を良くする上で不可欠と言えます。

また人は、自らが癒され満たされていなければ愛を隣人に向けることはできません。従って自らへの「自礼拝」も大切なことになってくるのです。人は自らの容量を超えて人を愛することはできないものです。

誰もが癒されたいと願い、花や香り、そして音で癒される方もおり、菜食を続けることが癒しになっている方もおり、日常生活に明想を取り入れることで癒されている方もおられます。

血液と人間の霊体とは関係しており、血液はプラーナとともに人体の中をめぐっているのです。その血液は、日々の私たちの食事から作られ、愛情のこもった料理は神の癒しそのものと言えます。

殺される時の動物の怖れや怒りの波動が強い場合には、動物の肉片にその波動が伝わっているともあり、菜食主義者が肉を拒むのも理解できるというものです。

菜食主義の理念には傾聴すべきこともありますが、一部の極端な方には「野菜だけを食して悟れるのであれば、ヤギや牛はみな悟っているのではないでしょうか」と笑いながら申し上げることにしております。

ヤギや牛は、人間のように必要以上のものを求めたりはしないという意味では優れていると言えるかもしれません。

人間は自由という手段を与えられており、天使にも堕天使にもなれる存在です。癒しは心を作り、心を鍛えることで得られます。何を見、何を聞いても癒されるあなたであっていただきたいと思います。

日々食するものに思い煩《わずら》うことなく、いただいたものが血となり肉となって自らが満たされ、他に愛の意識を向けられるようになるのが大切なことではないでしょうか。

この世の学習条件

私たちは、それぞれの理由で地球の現界に生まれました。一部の例外を除いて地球で学ぶための条件が設定されています。

【魂と肉体】私たちは一命一体を知り、無病への道を探るためにあえて不自由な肉体をもちました。命は肉体を去っても永遠に続くものです。DNAコードは徐々にこの次元を超えて機能するように変化しています。

【記憶が消される】過去生で培った才能は引きつがれることが多いものですが、過去生で辿りついた境地が現在も身についているかを確認しなければならず、さらなる進化を促すためにも、あえて記憶が消されているのです。

【未来の予定表】未来は可変性を持っており、気づきにより変わります。波動が変わりつつある今、明想によってさらにそれぞれの身口意に現象としてあらわれるのが早くなっており、可変性はより増しています。

【見えるものと見えないもの】可視と不可視のものを作り、不可視のものが徐々に発見されてゆくことで、両者の関係性や宇宙の奥深さを学ぶことができるのです。

【個と全体】命を与えられたものには全て役割があります。個性を尊重した上で、他者そして全体との調和を学ぶために生まれてきたのです。


これらのことが現界に生きる上での学習条件になっておりますが、皆さまの気づきによって少しずつ、あるいは悟りによって一気に進化していくことができるのではないでしょうか。

気づきの質に応じて真理への目覚めは変わり、次第に私たちから怖れを取り去り、人を変性させていきます。

この条件設定を理解することで、真理探究のスピードアップが可能になるのです。その結果、この世の常識よりも自身の体験や直観を優先させていくようになっていきます。

記憶と記録

人の記憶は脳の中にある古皮質と側頭葉の一部である海馬が関与していると言われており、側頭葉に電気刺激を加えると、忘れていた過去の記憶が蘇えることもあることがわかっています。

しかし一方で、記憶には脳全体が関わっているという説や、脳は一端末であり、脳の中には記憶はないという説まであります。

致命的な事故で脳に損傷を受け、記憶を失った方が、その一部を取り戻すことができた例もあり、記憶を再生するメカニズムが脳全体に備わっているのではないかと思われます。

また、心臓移植された方が、ドナーの持っていた記憶を再現する映像を夢の中で見たという例もあり、記憶に関する生命の神秘の解明には興味が尽きません。

人はあの世での体験や輪廻の記憶を消され、リセットされた形でこの世に生まれてきます。

けれども一部の例外として、前世記憶をもったまま転生してくる方もおられます。幼少期まで前世の記憶を細部にわたって持っている子供もおり、前世の両親や友人に会いたがったり、中には実際にこの世で再会をはたす例まであります。

私の目からすれば、リセットされ、なくなっているはずの御本人の記憶は、宇宙意識としてしっかりと記録されているのがわかるのです。

生まれてからの記憶はもとより、限りない転生の数々の出来事さえも全て、意識として残されており、記憶されています。

それは御本人の行ないのみならず、積み重ねられた身口意、すなわち発した言葉や心の思い全てを含んでおり、それらは消えることなく潜在意識としても残されているのです。

しかし、潜在、顕在を問わず一つひとつの記憶の意味は、私たちの「気づき」によって瞬間的に変わりうるもので、そこに長い転生での学びの意味があり、救いがあると言えるのではないでしょうか。

生まれ変わりを認める

過去生や輪廻の肯定は、御本人が無意識に抱えている特定の人やものごとに対する怖れの感情の原因の解明につながることがあり、原因を知ることで御本人の気持ちが軽くなり、より前向きに生きられる可能性も出てきます。

また、人は国籍や人種を問わず生まれ変わるということを認めれば、国や肌の色の違いによる偏見がなくなり、より思いやりを持って接することができるようになるのではないでしょうか。

現在の立場や地位に驕ることもなくなるはずです。思いやりという愛は、愛を呼ぶのです。

今世では何不自由のない身であっても、来世は人種や肌の色も境遇も異なり、その魂の成長のためにあえて苦労を重ねる環境を選んで生まれる場合もあることを知れば、人はより謙虚になるのではないでしょうか。

そして、相手を尊重する謙虚さは、相手からの愛を受け、この世における運の向上につながってゆくのです。

愛はエネルギーそのものだからです。

私たちは自らをことさら誇ることなく、相手を責めず、また、怒りのために自らを失うことなく、静心を保って日々生きていくことが望まれているのではないでしょうか。

常識が正しいとは限りません。常識はあくまでもその時点での常識なのであり、時の経過でその基準が変わることもあるのです。

常識と言われていることの背景にも気を配り、一つのものごとをより多くの角度、異なった次元、異なった距離から見ることを心がけなければなりません。

「人は生まれ変わるもの」ということを認めることで、愛を人に放つことができるとともに、永遠の命というものに気づき、あなたに平安をもたらし、さらには向上を促すのではないでしょうか。その意味は大きいと言えるのです。

親子の学び

子はあの世から自分の親となる人を見て生まれてきます。特に母親を見てくるのです。子はそのままで完全です。親と子は遺伝的には似ているものの、その背負っているカルマは異なります、神は結ぶ力であり、親と子もその力で結ばれています。

親は子を見て学びますが、そこに自身の宿題があるからで、悪によって善を知るように子を見て我を知るのです。

親は子に愛情を注ぐことで、自身のカルマを解消することができます。人に対する愛は喜びであり、子へのそれは尚更で、その思いは自分にも還るのです。

重度の障害のお子さんを持っている方がおられますが、親も子も共に魂磨きの仕上げとしてこの世に出てくることが多いものです。

また私は、親の念が亡くなった子の霊を引き寄せて互いに苦しむ姿を実際に見たことがあります。

母親は、我が子のために毎日のように花束を抱えて墓参りに行き、嘆き悲しんでおりました。その念が子を幽界から招き、御本人の肩に重くのしかかっているのです。そのために子の方も、光の世界に上って行くことができないでいるのです。

人は苦しむために人生を送っているわけではありません。悩み苦しみはいずれ消えてゆくものです。愛情が執着にならぬよう、思いの質を変えてゆくことが大切です。

嘆き悲しむより祈ることです。

また、この世で我が子に愛情を注ぐことができなかった母親が他界し、そのことを悔い続けて幽界であてどなく彷徨《さまよ》っている姿を見せられたこともあります。

思いはあの世まで続くのです。

人への思いに距離はなく、母と子の絆は特に強く、母が病を患って入院している時、その状況を知らない子が同じ時期に体調を崩していたという例もあります。自らをも強くする親子の絆を、大切にしていただきたいと思います。

共振する親と子

天が哭《な》けば地も哭き、地が歓べば天も歓ぶのです。地の人の波動が乱れれば天が動き、地に災いをもたらすのです。そのように、天、地、人は連動しているのです。

子が親を選んで生まれてくるように、親も自らをより磨くために、それに相応《ふさわ》しい子を授かるのです。互いに必要にして必然的に出会っているのです。

親と子は良きにつけ悪しきにつけ、その思いはすぐに届いてしまうもので、陽の光がある時もそうでない時も、「この子は完全である」と常に祈り続けることです。

子供は母親の子宮に入った時から外の世界の影響を受け、全てを感じ、全てを見ています。羊水の揺りかごに揺られながら命の意識として全てを知っているのです。

「宇宙即我《うちゅうそくわれ》」として自らを包んでいる地球や宇宙全てをも感じ、見ているのです。

従って、精子と卵子が合体したその時から「教え」ははじまっていると言えます。赤ちゃんを身ごもっているお母さんは、できるだけ美しいものを見、良い音楽を聴き、お腹の子に伝えていただきたいと思います。

昔、私たち一家が沖縄の県営住宅に住んでいたころ、インフルエンザが流行したことがあり、周りの家族が次々に倒れていった時でも、私たちは無事だったことがあります。愛は微細なエネルギーを放ちますが、同じく微小な存在のウイルスに影響を与えたのではないかと思います。愛の心で水が清まり、氷の結晶もその姿を美しく変えてゆきます。美しい愛の波動は、美しい形を創造します。

この世に不必要なことは何一つとして起こることはなく、天と地の和合が乱れれば弱いところにその影響が出るものです。

同様に、御両親に喧嘩がたえない時、小さな子供が熱を出すことが多いものです。弱い子供は、自らが受けたマイナスの波動を自浄作用をもって焼き尽くそうとして高い熱を出すということを知っていただきたいと思います。

真の仏壇

仏壇は近親の御先祖を祀るもの、神棚は一部自然霊を祀る場合もありますが、遠い御先祖様を祀るものです。

私たちは神棚には灯明をともし、仏壇にはお線香を上げており、それを否定することはできませんが、真の神棚・仏壇を知ることが大切ではないかと考えます。

私たちの肉体こそ、神棚であり仏壇なのです。その中にこそ神・仏があるのです。肉体こそ私たちの魂のあらわれ、限りない転生と遺伝という縦横の糸が交差する場所なのです。

そして私たちは、輪廻の中の宿題も肉体の御先祖から引き継いだ遺伝さえも、悟りによって変えることを知ることができます。

自分が根源の世界にしっかりとつながっていれば、他に神・仏を求めることはなくなり、自らの中にある神・仏を磨き輝かせようとするものです。

あなたが路上で「あなたは神を信じますか?」と問われた時に、「はい信じます。私の中におります」と答えてみてください。相手の反応が楽しみというものです。

自らの神性は、愛によって顕現させることができます。

自分を愛せるからこそ、自らを愛している者を見分けられるのです。自らを神我一体の境地におけば、本質、根源に至っている者がわかるのです。

意識を根源の世界に下ろし、言葉に命を吹き込み、人としての理想を生き抜き、自らが型示しをしなければなりません。

私たちは、ともすれば目前の出来事に反応し、振りまわされやすいものですが、感情や欲の奴隷になるのを克服しなければなりません。

静心を常に保つよう心がけ、それさえも意識することなく調和とやすらぎへと心を向かわせ、物質原理から魂が自由を取り戻し、神と共にある我を見つけるまで努力することです。

自らの肉体こそ神棚・仏壇とし、その中にある魂をより輝かせるように精進してください。

守護神

守護神となる存在は、一人の方の魂が誕生する前から決まっており、その方が悟るまで、極端に言えば、何億年であろうと、その方を守り導いていています。それが守護神なのです。輪廻の旅の中、数えきれないほどの生まれ変わりが続く中も見守り、指導してくれているのです。

私自身にもついてくださっています。

見える方には、私の身体のある部分にはっきりとした形でおられるのがわかると思います。

あなたはこれまでに、霊能者からあなたにまつわる霊について何らかの指摘を受けたことがあるかもしれませんが、見える目をもってすれば一人の方には実に夥しい数の霊がついていると言わねばなりません。

一人の方を守護する存在として、守護霊、指導霊、司配霊、補助霊などと分類されることがありますが、呼び方は様々でもそれぞれの方には実に多くの存在が関わっているのです。

守護霊の中には、あなたの遠い御先祖がおられたり、あなたの過去生に関わりがあった方もおられます。

あなたは決して一人だけでこの世を渡っているわけではありません。何らかの縁ある方々に守られ、導かれているのです。

時には運を良くする仲立ちをしてくれたり、命の危機を救ってくれる場合もあります。時折、そうした方々との絆が強くなるように祈ってみてください。

運を良くするには、まず自らが精いっぱい努力することが大切です。

その上で、願望に対する過度な執着を捨て、自分も周囲も共に良くなるようにとの気持ちを持って、守護する方々のお力添えをお願いしてみるという姿勢がよろしいと思います。

時として願いとは異なる結果になっても、それは御本人の魂磨きのための愛であると受け止め、感謝する気持ちを忘れないでいただきたいと思います。

病の本質

幸運体質になるには、何よりも病を寄せつけないことです。

病になる原因は大きく分けて三通りあります。一つは自らの思い（意識）の僅かな歪みが原因となるものです。

病は苦から、苦は執着、分離感、怖れが元となっています。僅かな歪みが悪しき生活習慣を形成し、それが肉体に作用するもので、病の原因の中で最も高い比重を占めています。

次は過去の幾転生のカルマを一気に刈り取ろうとする場合で、これは御本人の固い決意があるため、癒すことが難しいものです、

そして最も厄介なのが、負のエネルギーを他から受けた場合です。

人に対する恨みや嫉妬の感情は、それ自体がエネルギーであり、その念が強い場合、送った相手に悪い影響を及ぼしますが、自分にも反作用としてはね還ってくるのです。

女性による継続した強い怒りが男性の前立腺に影響を与えたり、女性の方も反作用と

して自らの臓器を傷めたりすることさえあるのです。

肉体と霊体は一体です。

エネルギーを送った方の肉体を取り囲む霊体の一部が弱体化し、時には部分的に欠けたりして、肉体の正常な活動を損なう原因となるのです。

そして、自らの波動が低く不安定になるため、極度に感情的になったり、逆に内にこもり、外からのはたらきかけにも無反応になったりする結果を招くこともあります。

それは、他ならぬ自らが出した毒によって苦しめられている姿そのものなのです。

負のエネルギーを送った相手を確認することができた場合、相手の本質である優しい表情を思い浮かべ、愛の意識で癒さなければなりません。

また、何故それを受けたかを考え、自らの身口意が招いてしまった部分があると悟るならば、自省と共に相手が癒されてゆくよう祈っていただきたいと思います。

気の力

気が満ちているところに運は集まります。これは、業種を問わず営業成績が良い人にエネルギッシュな方が多いことでもわかるものです。

気は不可視の生命エネルギーで、人体では細胞と細胞の間の空間に存在します。

私が行なっているヒーリングは、根源からの不可視のエネルギーを自らを媒介にして相手に流し、末端の細胞レベルから変化を促すことを目的にしています。

私たちは日頃から自らの気が満たされ、高まるような方法を探っていき、それを実行していく必要があります。

それは、あなたが好きな場所に行くことでも好きな趣味に没頭することでも良いのです。経験的に良いところに行き、心が喜ぶ行動をとることでエネルギーは満たされていきます。

肉体は原因の結果です。エネルギーが満たされているかどうかはその肉体にあらわれ、性別、年齢、経済力には関係ありません。

長い人生の中では誰でも気が落ちる時があります。親しくしていた友人、知人が亡くなった時や、失恋、事業の不振などで、なかなか気持ちが前向きになれないことも多いものです。

そのような時、「気の転換方法」を知っている方は強く、あたかもその方の中でマニュアル化されていたように、苦しみ、悲しみを乗り越えていくのを何度も見てきました。

また、人生には台風のように大きな逆風が吹き荒れることがあります。台風が去った後に倒れることなくすっくと立っているのが、意外にしなやかな木だったりします。

海で溺れた時、むやみにもがけば命を失うことになります。

強風に逆らわずに一定の時間が過ぎ去ってゆくのに身をまかせる木の姿を見て、私たちも学ぶことが多いのではないでしょうか。

「人生に悪いことは起こらない」「全ては意味がある」と思う気持ちが運を呼んでくるものです。

心と脳

心臓の周囲は、私たちの身体の中で特に大切な部位です。

「心はどこにありますか？」と聞かれて、大抵の人は自分の胸を指すのではないでしょうか。心臓の周囲が作る電磁場は、脳の周囲に発生する電磁場よりはるかに強いことが知られています。

私はヒーリングの際に、胸にあるハートチャクラを中心におこなっています。根源からのエネルギーを私の手を伝導体として送ることで、ヒーリングを受ける方はそれまでにはない様々なことを感じるようです。

血液の流れが良くなったり、気道の広がりを感じたりと、それぞれが抱えていた肉体の悩みが癒されていくのを体感すると言います。

慈愛や感謝の気持ちが人に起こり、その感情で満たされる時、心拍数の安定をはじめとする数値上の効果としてあらわれてくることが証明されています。

人を赦すことは自らを解放するということを知っていただきたいと思います。許せないという気持ちで自らを縛っていた鎖を、自らの手で解き放つのです。

脳は不思議な特性を持っています。

人の脳はそれぞれが個性を持つと共に、他人の影響を受け続けています。その日に会話した人、電車で隣に座った人からも影響を受けます。互いの神経どうしが目に見えない通路を作って感情が伝達し、濃い関係にある場合はいつのまにか互いに似てくることがあるのです。スポーツの分野で同じチームのメンバーが外から見ると似ていたり、同じ職場の人が似ていたりするのもそのためです。

自らの幸福度も含め、その感情は人に伝わり、受けた相手から再び自らに還ってくるのです。相乗効果を高めるにはまず自分から良い感情を出すことが大切なのです。

心と脳という器官の特性を知り、その能力を最大限に生かしてみてください。

チャクラと松果体

ギザ台地に悠然と立つピラミッド群は、それ自体が巨大なエネルギー装置となっています。

二酸化珪素からなる花崗岩《かこうがん》を多用しており、地球内部の地殻の成分構成比を強く意識し、ピラミッドを通じた地球エネルギーの調整を図っているのです。

人体の中には、額の部分に第六のチャクラとしてのアジナチャクラがあります。ここは第三の目とも人体の設計室とも言われています。

また、ホルスの目や、アメリカの一ドル紙幣にあるピラミッド上部に目を配したデザインのように、額にある第三の目は神秘的なもの、悟りの象徴として古代から認識されていました。

アジナチャクラの裏側には、根源からのエネルギーを人体へと流す中継増幅装置であり、セロトニンを分泌する松果体があります。

松果体は、精神と肉体、原因と結果、神と人、根源と我が交差する重要地点なのです。

愛と知恵に満ちた根源からの情報は、光として松果体に入り、そこで波動を変換されて、脳下垂体を通して身体の末端の細胞組織にまでくまなく流れます。

松果体は私たちの気づきや悟りによって磨かれていき、光り輝くほどその能力が高まり、根源からのエネルギーと情報が入りやすくなり、直観力も増すのです。

体内のエネルギーが高まり全身が活性化すると、松果体が輝き出すという好循環が生まれ、増幅装置としての機能を高めてゆきます。

地球におけるピラミッドの役割と、人体における松果体のそれとは照応関係にあります。

私たちが生活していく中では、電磁波をはじめとして松果体のはたらきを妨げるものがあります。

松果体の機能を高めるためには、陽の光を浴びると共に、呼吸を整え、額に意識を集中して行なう明想が有効となります。

忙しい日々の生活の中で僅かでもいいので、静心を保ち明想を深めていく時間を作っていただきたいと思います。

あなたがあなたであること

私たちが見ている世界は、ある意味で脳が作り出した仮想世界と言えます。私たちは、電気という情報が脳に入ることで化学物質が分泌され、ものを認識できるのです。

人体の中では神経細胞が電気を伝えており、その電気の流れを微妙に調整することで、自分の意志どおりに肉体を動かすことが可能となります。

脳内だけでも数十兆という電気の流れの調整を行なっています。一命一体の物理的基礎はここにあるのです。

記憶力や運動能力も含めて、それぞれの人独自の神経回路の構造そのものが、「個性」ということもできます。シナプスから樹状突起へ電気が流れ、集合と分散を繰りかえしながら全身の神経細胞に伝わっていく様子は、宇宙の仕組みの凝縮されたものとも言えます。

波長が一定の範囲で動いている粒子が、目の神経細胞に当たった時のみ電気が発生し、私たちは光として反応できるのです。それが可視光線です。

同様に、一定範囲で移動する粒子が鼓膜に当たった時にのみ、私たちは音として聞こえる仕組みになっています。

Ｘ線、電波、紫外線などは光と同じ粒子で電磁波と言われますが、私たちが見ることはできません。

こうしたことから、私たちが見ている世界は複雑な神経細胞の大回廊によって作られた、極めて限定された仮想の世界であると言えます。

動物はそれぞれの種によって、私たちとは異なる見え方、聞こえ方をしており、私たち以上に見え、聞こえている場合もあるのです。

人間のＤＮＡや脳のはたらきには未知の部分が多いのは事実です。私たちは私たち以外のものを見ている全てということができますが、同時に根源では一つにつながっており、それぞれの認識や表現が違っているだけで、「一にして多である」と考えることが大切になってくるのです。

自分を愛すとは

愛は命であり真理、実在にして完全なる法則です。この宇宙そのものが愛であり、宇宙には愛以外に実在しません。

愛は完全なる法則であり、法則には一点の狂いがないゆえに「愛」と言うのです。愛はあるもの全ての中に完全意識として存在します。私の内なる愛も、あなた方の内に生きている愛も、一点の分離もなく同一の愛であることを知っていただきたいと思います。

一人ひとりが愛の化身であり神の化身です。愛には大きさの違いも高低も貴賤もありません。未来永劫不滅の愛という神性火花で全てのものを焼き尽くしてください。

もし、あなたに少しでも怖れがあるならば、あなたは「愛の中にいない」ということを意味しています。愛に満たされていれば怖れは生じないものです。

あなたが愛の種を蒔いているならば、悩み苦しみ不調和はありません。何を見ても愛しか見えてこない完全さを「愛」と言うのです。

愛を得ようとすれば愛を失い、愛を放つ者は愛を得ます。宇宙に愛がはたらいている限り、私たちは嘘をつくことができません。何故ならば、全て目の前に現象としてあらわれるからです。一瞬一瞬が全て愛という完全法則の元に生かされていることを知らねばなりません。

自らを愛せない人が他人を愛することはできません。

私たちは日々の身口意で誰をも傷つけることがあってはなりません。自分を愛しきれる人に、悩み苦しみ不調和が生まれることはないのです。

自分を愛するとは表現体としての自分から、分離、差別という思いや言葉、表現が一切出ないことを言うのです。

思いさえも隠せなくなり、私たちから放たれた身口意の波動は時を経ていずれ全て自分に還ってきます。それが時々刻々と早くなっています。私たちはより一層厳しく自らの身口意を正し、整えていかなければならないのです。

第2章　自他一体

人は一人では生きてゆくことができない存在です。親兄弟、伴侶、友人と様々な人々の支えがあって生きているという現実は否定することはできません。

そして、自分にも周囲の人々にも、その後ろには可視、不可視の夥しい存在がおり、その先には広大な宇宙があるのです。すなわち全てはつながっているのです。

この世で成功している人は無意識にそれを悟り、日々の中で悟りに応じて宇宙と調和する生き方を実践しているのではないでしょうか。

私たちは日常生活を送る中において、人を選び仕事を選んでいます。人生は選択の連続です。時には人と適度な距離をとる勇気も必要になってきます。

そして、進退の見切りや集中と弛緩のタイミングが必要な時があり、中途半端な教養が邪魔になることも時にはあるのです。

様々な試行錯誤を経た上で常識の殻を打ち破り、独自のスタイルを築き上げた者だけが運をつかむことができるのです。

一命一体自他一体

あなたが愛で満たされていなければ、人に愛の波動を向けることはできません。そして、自らが満たされていれば他からの干渉を受けにくくなるのです。一命一体は「心と肉体の一致」を意味しています。獅子である肉体を心が支配していることです。

私がよく受ける質問に次のようなものがあります。

「怒りの感情が沸きおこった時に、無理にその発散を抑えるのは『身口意の一致』にならないのではないか」、つまり、怒りたいと思うのに相手のことを考えて感情を抑えるのは身口意の一致にならないのではないか、というものです。

怒りを抑圧すると、蓄積されてより大きな爆発を招く可能性は確かにあります。適度に感情を解き放った方が良い場合もあるでしょう。

しかし、私たちは怒りの種を事前に摘みとってしまうことができるのではないでしょうか。摘みとって静心を保つことが私たちの成長と言えると思います。

あなたが目にしている現象には全て原因があり、それは過去の集積であり思いの反映なのです。条件反射的な反応を一度止め、自分を客観的に「眺める」という姿勢によって怒りが収まることがあります。

自分を大切にすることは自分を「見つめる」ことでもあり、時には辛いことかもしれませんが、怒りの種の原因が見つかることもあるのです。心の鏡を磨き上げた時に、美しいものが見えてくるものです。

自らを客観的に見るには自らが満たされていなければならず、時には穏やかな気持ちで好きな趣味に思う存分没頭することも大切です。

日々の暮らしの中で自分が輝き、自分らしくなれる状態を思い描き、それを実行してみることとです。絵画、陶芸と一人で技を磨くのを好む方、協同作業に喜びを見い出す方とそれぞれおられます。

「一命一体」が自らの中に確立できてこそ「自他一体」が理解でき、その時、人はあなたに幸せを運んでくるのです。

隣人

あなたが日々目にし、接していることの中にこそ、あなたにとっての学びやカルマをひもとく鍵が眠っているのです。

それが最もあらわれている身近な存在が家族です。子は親を選びこの世に生まれ、親を見て育ち、親は子の姿から学びます。過去のカルマもその解消のヒントも、家族の中に幾つもあるのです。そして、友人、知人、仕事関係の中にも眠っています。

家庭においても仕事の場においても、順調な時は、そこに潜んでいるカルマが目立つことは少ないものですが、一度問題が起きると、潜んでいた汚れが光に照らされるように目立ちはじめ、悪いことが多く見えてくるものです。それまで暖かかった家庭も冷え、仕事場ではいさかいが生じます。

しかし、一方で荒波の中でこそ人の真価が問われるものです。

隣人は縁なくして出会うことはなく、過去生での縁が深いほど愛も憎しみも濃くなりやすいと言えます。過去生の記憶を消されて生まれてくる私たちですが、互いのカルマに気づき学ぶことが生まれてきた理由の一つです。

人が隣人との関係で学んでいくように、国も隣国との関係で学んでいきます。内なるものは外にあらわれ、人の心が外の現象を招きます。目の前にあらわれる人の持つ嫌い、許せないと思う性格は、あなた自身の中に内在しているものであり、それがより拡大されて見せられているのです。

人間関係は、あなたの心の投影された映像であり、学びの種です。あなたが気づくことがなければ種は芽を出し、やがて大木となってあなたにさらなる試練を与えます。

しかし、隣人との学びが終わることで、あなたはより強くなれるのです。

愛はあなたを生かし守るもの。境地の高まりによって、愛を意識することなく人に分かち与え、そして受け入れられるようになるでしょう。

恋愛

この世で人は、過去生からのカルマやそれぞれが発する波動の縁で集まります。愛は私たちの目には見えませんが、様々に形を変えて宇宙を駆けめぐっています。

愛は愛を注いだ相手から愛として直接還ってくるだけではなく、思いもよらない時に思いもよらないところから思いもよらない形をとって還ってくることがあります。天の蔵に貯えられたものが時を経て降り注いでくるのです。

全てのものは独自の波動を放っていますが、愛の波動はあなたには見えなくともどこからでも発せられています。

あなたの目には見えないだけで、あなたの発する波動は相手に届き、相手を励ましますが、時には苦しめもします。相手に対し良いエネルギーを送るには自らが満たされていなければなりません。思いとは、今のあなたそのものから発せられるのです。

男女を問わず恋愛は特定の誰かを相手にするものであり、感情が優先しやすくなります。対象となる相手とは過去のカルマで出会うことが多く、また、出会いによって新たなカルマを作りやすいものです。

特にエネルギーに満ちあふれている時には、相手を思う気持ちが執着となって相手を苦しめ、自らも苦しむことがあります。執着することなく相手の幸せを願うだけでは終わらないことが多く、愛が独占欲となって抑制できずに自らの中に葛藤を生んでしまいやすいものです。

あなたが恋愛を愛にまで昇華し、その愛を永続させたいと思うのであれば、日常の生活で愛を向ける対象を限定していなかったかを観察してみてください。

愛する対象を極端に限定する者は、愛が続く時間を制限されてしまい、愛を永続させることが難しくなります。

愛の対象を限定する行為は、時間を限定されることで自らに還ってくることもあると知らなければなりません。

結婚

「結婚」の本来の意味は「結魂」であり、一人の人間の深奥に内在する神と自分、そして精神と肉体が一つに結びつくということです。

翻《ひるがえ》って、私たちがこの世で言う結婚というものに目を転ずれば、御本人のみではなく、目に見えない世界も含めた互いの家というものが絡んでくるのです。

男女がおつき合いをはじめた時から、それぞれが背負っているものの影が現象としてあらわれるものですが、婚約、入籍というこの世の形式を踏むことで、双方を守っている存在や互いの御先祖が活発に動くため、影の現象化がより如実にあらわれてきます。

それは、仕事上のことであったり、あるいは部屋の観葉植物の様子であったりと、予兆として周辺に様々な変化としてあらわれます。

目に見えない存在は数多く、その力は時として強いものですから、自らと相手を守護している存在や互いの御先祖を尊重する姿勢が大切であり、その思いは通じるものです。

結婚というものを通じて運を向上させるには、こうした謙虚さを保ち続けていくことに尽きると言えます。

結婚はこの世における大切な学びの場です。お互いを認め、足りない部分を許し、高め合っていくのが理想です。また、日々生活を共にしてゆくと互いの運も次第に似てくるものです。

隠しごとなく心を開いて良好な関係を保ち続けてゆくことで、霊体どうしの交わりも自然とはかられるのです。

この世での出会いを奇跡であると感謝し、互いに魂を高め合っていこうとするのが理想ですが、中には結婚後に御本人どうしや家系のカルマが様々なもめごととなって噴き出してくる場合もあります。

噴き出してくる現象をそれぞれの学習課題として、冷静に克服していくことが互いに求められているのです。

親和力

肉体と魂の合一がなされていなければ、自らの意識を良い方向に運ぶことはできません。一命一体は運を良くする上で不可欠なのです。

人は時としてその意志とは異なり、身体が思うように動かなくなることがあります。それは年齢を問わず起こる可能性があるのです。情報をコントロールする神経細胞のはたらきが、ホルモンバランスの崩れなどにより支障をきたすためです。

自他一体。この世で縁がないものが目の前にあらわれることはありません。過去生や今生での縁により、一点も狂いのない法則の元にあらわれるのです。

自分と隣人は神経細胞のようにつながっているという「絆」意識を持ち、自らにするように隣人を大切にしていくことで、あなた自身のカルマを解消し、あなたの力となる存在を一人ずつ増やすことにつながるのです。

あなたが困窮している時、あなたを豪華な夕食に誘った方は、あなたが過去生で助けた方かもしれません。

あなたが富んでいる時に食事をふるまった相手は、いつの日かあなたを助けるかもしれないのです。それは今世とは限りません。

目前の現象は全て原因のあらわれですが、うつろいゆく幻でもあることを心にとめておかねばならず、日々、誠心誠意、油断することなく過ごしてゆくことが大切です。

さらに、一木一草から道ばたの小さな石に至るまで、全てはつながっているという意識が宇宙意識にまで拡大することで、真理に近づいていこうというあなたに励ましの力が加わります。

何を見、何を聞いても喜びとなることで、喜びは喜びを招き、あなたの運はますます良くなっていくのです。

そして、一時のみではなく、その喜びが永遠に続いていくことを至福と言います。

人を耕す

自然の中にいる時、人は愛を持って畑を耕します。陽の光、風、雨、土と対話しながら学んでいきます。

土壌は土地によって微妙に異なり、降り注ぐ陽の光も風雨もそれぞれで、耕す人はそれらを熟知しなければなりません。果樹も数年の周期で豊作と不作を繰りかえし、僅かの手間のかけ方が収穫を左右するもので、収穫される果実は耕す人の反映です。

都会では土の代わりに人を耕し、人を相手に学んでいきます。人は他人という砥石で自分を磨き続けることができるのです。

この世は大きなテーマパークで、コミュニケーションという人間力を磨き、より高めていく場です。この世の学びとは自分とは異なる性質の人々と接し、それぞれの立場で自らの能力を生かしていくことです。

良い感情の人とのみ接するように心がけることも大切ですが、交友関係をせばめていてはこの世に来た意味は薄れます。苦手と思われる人に対しても、その長所を見てあげるように努力することで相手も徐々に変わってゆくのです。

人はある年齢までは、人脈を拡大させてゆくことが多いものです。やがて年齢と共につき合う相手もより吟味することが必要と感じられるようになり、晩年は時の経過の中で残った貴重な砂金のような友人と、穏やかに過ごすことを好むようになるのではないでしょうか。

人は他人の信用を得ることで運を拓いていくものです。そのためには、約束の時間を守る、相手の気持ちを推しはかる、良い企画を提供するという基本的なことがまず求められ、それを継続していくことが信用につながります。

たゆまない努力の結果、あなたが人を指導する立場にまで成長した時、部下に対しては好き嫌いの感情をなくしてできうる限り公平性をもって接することです。忍耐強く部下を育て、人材として生かすことで、あなた自身が助けられるのです。あなたが人生で耕した畑は、立派な作物を実らせる肥沃な畑になっているでしょうか。

応援される人

この世での成功は、自分一人だけの力でなせるものではありません。日頃から周囲の人々との良好な人間関係を築いていくことが大切で、周りに認められ応援されてこそ、その力が何倍にも発揮できるのです。

年齢を問わずあなたが応援される人になるには、まず何よりも素直であることです。与えられた何らかの優しさに対して素直に感謝の気持ちを表現してくれる人に、人は共感を覚え、さらに応援したくなるものです。

次には、陰日なたなくものごとに真摯に取り組む人であることです。人は常に完璧な状態を保てるわけではありませんが、誰かが見ているかどうかに関わりなく懸命に努力している姿に人は魅せられ、応援したくなるのです。

そして、屈託のない笑顔です。笑顔は互いを認め合っているからこそ出てくる表情であり、場を和ませ調和させる力を持っており、言葉以上の力を発揮する場合があるのです。

成功という果実を手にするには、「成功は人が運んでくるもの」という考えを自らの中に定着させなければなりません。人が今あるところから次の段階に成長する時に、何らかの貴重な示唆を人がもたらしてくれることが多いものです。それに対して鋭敏に感知する力を持つことが、成功への鍵といえます。

自分が可能な範囲で、見返りを求めることなく人に「与える」ことを優先してみてください。あの世においても下の層では受け取ろうとする気持ちが強く、少しばかり上に行くと与えることもするが受け取ることも望み、より上の層に行くほど無償の愛が優先され、さらに上に行くとただ歓喜に満ちた愛のみの世界になっているのです。

あなたが応援される人になりたいと考えるならば、まず積極的に人を応援できる人になってください。自他一体として他人のことを考え尽くす人は、自然と周りから応援されるようになるものです。

ことだま

人は言葉を意識し、その影響を受けるものです。

ものごとの全体像は言葉によって表現できるものではなく、言葉には自ずと限界があり、体験の力には及ばないものです。体験こそ最も優れた学習手段と言えます。

しかし同時に、人は言葉という手段から全体像の本質を想像する存在でもあるのです。

身口意の要にあるのが言葉であり、この三つが一致することが望まれるのは、この世の人ばかりではなく現界での次の機会を待っているあの世の人々も同様です。

この世の中、家庭、職場、社会で身口意が正しく行なわれているかを見つめるのが私たちの修行と言えるのではないでしょうか。

自らの身口意によって人が傷ついていないかを徹底して考えなければなりません。

人は自ら発した言葉に引き寄せられていくという特徴を持っています。相手に発した言葉は相手にも影響を与えますが、より自分にはね還ってくるのです。

相手を心地よくさせ励ます言葉は、自分への励ましにもなります。

思いも波動、言葉も波動であり、言葉に愛をこめるとどんなことでもうまくいきます。目の前で怒りの言葉を発している人には、「この者に光を、無限の許しを、無限の愛と安らぎを」と祈ってあげてください。その方も長い旅路の果てのいつの日にか、天使の囁きを発する人になるのです。

私たちが使う日本語には言魂が宿っており、特に母音である「アイウエオ」を組み合わせて口に出すことで、場を浄化させ、高い次元につながりやすくなります。

私たちは呼吸する時、同時に生命エネルギーも吸い込んでいます。息は生きる力、生かす力です。この世は「波長同通」の世界であり、人を励まし、自らをも明るくする「肯定語」をより多く使うことで、自らの運も上昇してゆくのです。

誉める力

人は一人で生きていけるわけではありません。そして運が上昇していく時も、一人の力だけではない力がはたらくのです。

運が大きく上昇する時は、スパイラル的に渦を巻くように複数の人が一緒になってどんどん良い方向に向かっていくものです。正にあれよあれよという表現が相応しく、良い気はさらに良い気を呼んでいきます。

何か事が成就する時の運は、自らの努力ばかりではなく、人の力との相乗効果によるところが大きいのです。

あなたが良い運をつかみたいと思うならば、まずあなたの友人、知人を「誉める」ことです。自らの価値を認めない人に協力する気は起きないものです。相手を尊重しているという思いが「誉める」という行為にあらわれるのです。多少の難には目をつぶり、相手の長所を見るようにしてください。

相手の長所を見て誉める日、逆に一日中、相手の短所を見て不平不満を言い続ける日をそれぞれ作り実験してみてください。そして、あなた自身の心境や運がどうなるかを観察してください。大きな差が出てくるはずです。

「誉める」という作業を日々実行し、磨きをかけているのが接客業の方々です。心が伴っているかどうかは別にして、客の長所を探す、誉め上手な方、それも自然にふるまえる方ほど上客の受けが良く、売り上げも伴っていることが多いものです。接客業の方々は誉め上手のプロフェッショナルといえます。

人は目前の現象に敏感に反応し、時には憤《いきどお》り、そして怒りさえ覚えることがありますが、この世で起こる全てには原因があり意味があると認めることで、心が穏やかになるものです。その穏やかな心から発せられる自然な誉め言葉は確実に相手に伝わり、あなた自身の運気を上げます。あなたが発した言葉は、あたかも池に広がっていく美しい波紋のように、次々と連鎖していくのです。

差別について

人はどのような立場の方でも、長い人生の中で「差別」というものを受けたことが無いと言う方を捜すのは困難ではないでしょうか。

程度の差はあっても、学歴、職業、容姿など様々な基準で推しはかられ、嫌な思いをさせられたことがあると思います。

企業の経営者でも、より大きな企業の経営者の前では萎縮してしまう方もいるのではないでしょうか。それは自らを差別していることなのです。

海外旅行先で高級レストランに入った時、通された席の位置や旅客機の中での扱いなど、いろいろと意識させられる場面があるのではないでしょうか。

一国の皇族や王族でさえも、外国の王室が主催する行事や儀式に招待された際には、序列というものを意識させられることがあると思います。

しかし、言葉や態度による差別に対し、真正面から反応することは、いらぬ摩擦を生むことになります。

こちら側に相手に対する何らかの敵意がある時も反発を受ける時があります。教育や伝聞によって相手の国や民族に対して必要以上の偏見や固定観念が生じてしまうことがあり、こちら側が防御姿勢をとった時も、相手のかたくなな反発を招くことがあります。

余計な摩擦や争いを避けるためには、差別を受けない波動、愛の波動を出していなくてはなりません。時には場の空気に溶けこむことが必要なこともあり、それは決して恥ずべきことではないのです。

常に周囲に対して壁を作り構えていては、あなた自身が疲れ果てるだけではないでしょうか。

あなたが誰かを差別すると、あなたも差別される身になります。

この地球における差など、広大な宇宙の尺度では僅かなものであることを知り、常に謙虚でいなければならないと考えます。

分離感と識別

動物には、分離感を持った者を識別する力があります。

ある時、インドの田舎に腹をすかせた虎があらわれ、すぐ近くで無邪気に遊んでいた子供たちの脇を通りすぎ、遠くにいた大人に襲いかかったという例があると言います。

また、ヨーロッパセミナーの折に実際にあったことですが、あるところに持ち主の手に負えないほど乱暴な一頭の馬がおりましたが、私のところに来て頬ずりをしてくれました。

別の場所では、セミナーに参加していた人が馬の名前を呼んでも見向きもしてくれませんでしたが、「我と神とは一体。我愛ならばこの馬も愛」と心に思いながら呼んでごらんなさいと教えたところ、名を呼んですぐにゆっくりと近づいてきたこともあります。

馬は心を伴わずに呼ばれているのか、心の底から呼んでくれているのかを即座に見抜いているのです。

しかし一方で、差別と識別とは異なることを知らねばなりません。全一体の中で分離感は持ってはならないものですが、識別することは必要なのです。

私たちは、人や動物、場所などに関して敬して遠ざけることが必要な場合があります。どのような中にあっても何ものにも影響されない自分であればいいのですが、皆さまはそこまで境地が高まっていると言えるでしょうか。

沖縄にはハブがおり、島によっては生息するところとしないところがありますが、夜行性のハブを日中に都市部で見かけることはほとんどなく、人が噛まれるのは稀です。夜に薮の中などに入り、こちらが恐怖感と攻撃性を持っている時に危険なのです。

また、人によってはマイナスのエネルギーを強く発している人がいます。様々な理由から空気が澱《よど》みマイナスの気が満ちている場所や、自殺者が多く出ている場所などは、敬して遠ざけるということが賢明と言えます。

赦す難しさ

肉体、金銭への執着は、私たちの魂の飛翔を妨げる大きな要素となっています。人は人生の様々な場面で執着という罠にはまりやすいものです。

仮にAさんがBさんに多額の金銭を借り、Bさんの督促に対しても何かと理由をつけて返済しなかったとします。

それに対してBさんは寛容な心でAさんを赦したところ、それをいいことにAさんは他の人からも次々と借金を重ねていく……。

このような事例はこの世では残念ながら、かなりな頻度でみられます。Bさんが善意により訴えないことで、犯罪として成立しないというような事案は数多くあるのではないでしょうか。そして、金銭問題以外にも法的に訴えられることのない罪は多いと思います。

Bさんの取った行動は、「結果的に悪いことの連鎖を助長したことになるのではないか」という質問を受けることがあります。

連鎖を防ぐためにBさんはAさんの行動をひたすら強く責めるのではなく、説得して正してあげなければなりません。「説諭」という方法により、この世で犯した行ないを正し、導くことが赦しという寛容さに伴っていることが望まれるのです。

一方でより深いところでは、心で相手と一体となって見てあげることが必要です。自らが光となり、完全愛となってとらえ、相手の本質が良くなることを祈り続けてさしあげてください。

現象としての不正は正さなければなりませんが、一方で被害を受けたＢさんが過去に行なったことのカルマの解消を、Ａさんが過去の被害者に代わって行なっている場合も実際にあるのです。私が意識を変えて目の前にいる方の過去を見た時、現在の問題の原因が映像として見えてくることもあります。

さらに現象には、本人にとって思いもよらない全く別な意味が伴っていることもありますので、強く責めることは賢明な選択とは言えないのです。

現象からの学び

この世では、同じことが時間をあけて繰りかえし目の前で起こることが多いものです。デジャヴ（既視感）の原因は、この世に来る前にあの世でこうした体験をあらかじめ見ているということをはじめ、夢の中で未来を見ているという場合など幾通りかありますが、その一つに、この世では繰りかえし似たことが起こるためという理由もあります。

人は何度も迷いながら人生を歩んでいきますが、二度と迷いの淵に落ちることがないようにという神（宇宙の意志）の思いは絶えずはたらいています。

現象と一人の人の身口意の積み重ねは連動しています。身口意を変えるには、御本人が宇宙の意志の、よりコアな領域にアクセスできるかにかかっています。

最もコアな領域を私たちは根源（本質、実相）と呼んでおりますが、同じ領域に対して他の呼び方をしている方もおられます。

コアな領域へのアクセスに成功し、気づきが定着すると意識が変わり、体内のメカニズムに変性が起こります。

人生が良い方向に動きはじめるかどうかは、気づきがどれほど御本人の中に浸透しているかによります。

従って、効果があらわれるのは人によって多少の時間差があるのです。

目の前の現象は、他ならぬ御本人がそれまで選択してきた身口意の結果です。常識にとらわれない目で見ると、それらの現象全ては必然と言えます。

自らの体験を肯定する度合いに応じて、その運命は変わってゆくものです。

根源にアクセスし、愛とやすらぎに満ちた世界にとどまることで、宇宙の意志というものが理解でき、御本人の意識そして身口意も変化し、運命の位相が大きく変わってゆき、気がついた時には全く違ったレールの上を走っている自分自身を見ることになるのです。

内と外

根源の世界から見ますと、人は日々、実におかしなことを繰りかえしているように見えます。幻という現象世界の中でもがき苦しんでいる場合がほとんどなのです。それは自らが蒔いた種によるものです。

これからの時代は特に、人を生かし自分も生かされる時代に入っていきます。手放したお金は誰かのためになり、めぐりめぐるのです。

かつて私たちは山梨に明想する部屋を建てようと約三百万円を製材所に支払ったことがあります。ところが、敷地に入り込んだ人の放火にあい、製材所の事務室も材木も燃えてしまったのでした。幸い、私たちが予約しておいた材木だけは一本たりとも焼けることなく残ったのです。私は、再建の足しにとそれを製材所に差し上げました。

一方、お金というものは微妙な波動を持っており、人を生かしもしますが、その運命を狂わせもします。あなた自身が気づかないところで思わぬ力がはたらき、あなたと周りに影響を与える場合があるのです。

この人生という現象世界で恨み、怒り、嫉妬に燃えている人間ほど、強くもがき、苦しんでおり、それは肉体的不調となってあらわれます。苦しみは全て自らの責任であり、自分の毒で自分を傷つけているだけなのです。それを知り、自らの身口意をあらためるだけで苦しみから逃れることができます。

人は、現象というものの中からガラクタを拾い集め、自分をゴミの山で囲まれた状態にしているのではないでしょうか。外から恨み、怒り、嫉妬を毎日のようにせっせと拾い集めてきては、苦しみもがいているのです。全ては外側から入り込んでいます。

心の内側に関心を払い続けている者はあえて外から拾おうとせず、ただ内を見つめ、内を磨くことだけに意識を集中させているものです。完全なる愛としての内側に生きる者は日々喜びが尽きることはなく、それを周りにも分かち与えられる者なのです。

愛着と執着

人やモノに執着することで苦を招いてしまい、度が過ぎた時には体調まで崩してしまうことがあるのではないでしょうか。この世で私たちが学ばなければならない重要なことの一つが「執着」への対処なのです。人やモノに対する執着の念は蓄積され、それを受けた人にも影響を及ぼします。

憑依をする側、される側双方に何らかの縁があり、招く方にも問題のある場合が見受けられます。人によっては複数の存在に憑依されている場合もあり、特に御本人の魂の中枢近くまで入ってしまっている場合、除くのに苦労することがあります。

人やモノを大切にはするものの、一度自らの手を離れたならば、誰かの役に立ってくれるよう感謝の気持ちを持って送り出すことが大切です。

人もモノも、一期一会かもしれません。特に人はそうです。一生のうちに出会う人の数は夥しいものですが、それらの多くは目の前を通りすぎていくだけです。

あなたがこれまでに名刺交換をした人の中で今でも親しくしている人は、はたしてどれだけいるでしょうか。

この世で恋愛関係にある男女がいるとします。彼らは繰りかえす輪廻の中で、何度か出会っています。ある時は親子、または夫婦、さらには敵どうしとして出会うのです。今世の出会いだけではかり知れない出会いがそれまでにあったのです。

過去生の映像を見、カルマのやりとりの構造をあなたが見ることができたならば、その複雑に絡んだ綾と精妙さに驚きを禁じえないと思います。永遠の魂という視点で見ると、一つひとつの出来事が全く変わってくるものです。

今世での好き嫌いという感情が何故湧いてくるのか、そしてその原因を知ることができるならば、あなたの目の前の異性に対して執着する感情に少しばかり変化が起きるかもしれません。自分だけのものにしたいという思いが、多少薄れるかもしれないのです。

執着から解き放たれた時、あなたには別の未来が待っているのです。

人の思いに対応する

霊は本来、完全なものでありますが、迷いの中に入っているものもあります。私たちは邪気、邪念、邪霊と言われるものを自らに入れないことが大切です。これらの存在は酒の飲み過ぎによる酩酊状態、さらにはトランス状態になるほどダンスに夢中になった時などに入りやすいと言えます。呪術などでは、薬草を煎じた液体を飲むことで、あえてそうした状態を作り出すこともあります。

霊やエネルギー体が人に憑く場合には、幾つかのパターンがあります。

まずは、この世のものではない霊を呼ぶ場合で、意識の疎通が起こる時です。私が「何故来たのか?」と霊に聞くと、「呼ばれて来たまでです」と答えることが多いのです。

次が、その方の優しさに頼りたいと来る場合です。さらに異国の戦地で亡くなった方などが、祖国から来た旅行者について故郷まで送り届けさせられる場合です。また、旅先での異性との交遊で相手に憑いていた霊が移動してくる場合など様々あります。

次はいわゆる「生き霊」と言われるもので、これは人の思いが継続してある対象に憑いた場合です。病気の原因の一つとして、自らのエネルギー体に他のエネルギー体が入り込むことで、健全な機能が失われることがあげられます。原因には、過去のカルマの清算、本人の思い癖、生活習慣などがありますが、他人から継続的に送られてくる負の思いというものも存在するのです。

そして「偶然かつ瞬間的なもの」というのもあり、街角で歩いていて肩がぶつかった時、凝視、邪視を受けた時などに、自らの身体に変調をきたす場合もあります。

自らの気持ちが怒りや嫉妬で占められている時にも隙を与えやすいので、日頃から穏やかな気持ちを保つことが大切です。

家にマイナスのエネルギーを入れないために玄関やトイレに花を飾り、香を炊いたりしている方もおられますが、あなたの心が納得する方法で行なってください。

そして何よりも「我神なり」と神我一体の境地でいることが邪を防ぐのです。

思いの糸

人は特に思い当たることがないのに、突然体調を崩すことがあります。

前節で申し上げたように、体調を崩す原因の中には、思い癖や生活習慣がありますが、他人から向けられた思いが自らの体調を崩す原因になっていることが現実にはあるのです。

自らの思い（意識）は宇宙の中では隠すことができないもので、一定期間愛し合った異性からの思いは、見えない通路を通して自分へと注ぎこまれ、エネルギー体としてまとわりついていることがあります。相手の思いが特に強い場合、自分の体調を崩し、逆にこちらの思いが強い場合には相手が崩れるのです。

「未練」「憎悪」の感情は強く、相手に送った感情は相手に対して悪い影響を及ぼしますが、それはやがて増幅されて自らにも還ってきます。ですから、まず自らの意識を常に高い状態に保っておかなければなりません。

特に、男女が肉体的接触を一定の間重ねた場合、相手の背負っている様々な霊やカルマとの交流が発生し、自らがその一部を背負ってしまうことがありますので、深い関係になるのには慎重であっていただきたいと思います。

また、過度に相手の状況に同情したり、悲惨な死に至った人が葬られた墓などの前で合掌する時など極端に感情移入したりすると、思いの道ができ、その道を通って目に見えない存在があなたに救いを求めて来ることもあります。

目に見えない意識という思いの糸を通して、エネルギーが相互に移動する様をもし見ることができたならば、それまで奔放に生きていた方の生活態度は変わっていくのではないでしょうか。それほど、可視・不可視の領域というのは不可分なものなのです。

お互いに傷つけることなく成長していくためにも、不可視のものに対する敬意を持ち続けることが大切ではないでしょうか。それはあなたを守る盾となるのです。

相手の後ろ様との対話

あなた自身を守ってくれている目に見えない存在を意識して日々生活していると、その存在が、迫ってくる危機を知らせてくれたり、願いごとをかなえるために見えない世界ではたらいてくれることが多くなるものです。

その存在を意識し、感謝して日々を過ごすほど、守護する力は強くなっていきます。

あなた自身の後ろに夥しい数の守護する存在がおられるように、あなたの目の前にいる方の後ろにもおられるのです。そして中にはとても力のある存在が守っている場合もあり、人を決してないがしろにしてはいけないのです。

相手が何かに喜んでいる時、こちらもそのことを祝福し、自分のことのように喜んでいると、その気持ちは相手の後ろの方々にも伝わり、共鳴が拡大していきます。

もし、誰かとなかなか気持ちが通じないと思った時は、相手の後ろの方々に、「どうかこの方とうまく気持ちがつながりますように」とお願いしてみてください。あなたの願いが正しいものであれば、力添えしていただけるはずです。

そして、相手の後ろの方々はあなたの味方になり、何かある度に助けてくれるようになります。こうして、周りの人々や新しく出会う人々の幸せを祈り続けることによって、あなたの味方となる存在を増やし続けていくことになり、運に加速度がつくことでますます幸運に恵まれるのです。

恋愛においても、相手の御先祖様や守護する存在に意識の上でお願いすることで、願う相手との交際がはじまり、おつきあいが順調に進むこともあります。また、望ましくない相手とは自然に疎遠になるようにとりはからってくれることもあります。

この世は氷山の一角で、見えない部分の方が圧倒的に広大です。周囲の人々はもちろん、その広大な世界から応援されるあなたになっていただきたいと思います。

そして、何事も最初は小さな認識の変化からはじまることを、心にとめていただきたいと思います。

大業成就

ワインは発酵と熟成を経て作られますが、その製造には葡萄の品種、土壌、植物学、発酵等多くの専門分野の研究が必要で、ワイン作りは総合芸術とも言えます。

私は、ワインが熟成していく過程に、人が大業を成し遂げるまでの姿を見る思いがいたします。運と不運、絶望と歓喜が繰りかえされ、時を経て全く別なものができ上がっていく妙をそこに見るのです。

カリフォルニアワインの最高峰に、「オーパス・ワン」というブランドがあるのを聞きました。興味深い話なので概略を綴ります。

サンフランシスコから車で北上してしばらく行くと、マヤカマス山脈とアトラスピークに挟まれた南北六〇㎞ほどの谷間・ナパがあり、そこはワイン用の葡萄栽培に適した土地として知られています。

スタンフォード大学を卒業したロバート・モンダヴィは共同でワイナリーを設立したものの、大きな対立を経てそこを離れ、失意の果てにフランスに行き、そこで数々の高級ワインに出会います。同じ品種でも畑によって質が違い、それぞれのワイナリーが誇りを持ってワインを作っているのを目のあたりにしました。

ナパの谷に戻り、彼が再びワイナリーをはじめてしばらくして、ボルドーの名門のオーナーであるバロンフィリップが訪れ、協力してでき上がったのが交響曲第一番という意味の「オーパス・ワン」なのです。自社の畑で収穫された品種を二年間熟成させたワインは現在、市場で極めて高い評価を得ています。

インドから辛苦の末に仏典を中国に持ち帰った三蔵法師も、人生への絶望と諦念の果てに仏教に帰依し、奥義を極めようとインドへの旅を決意したのです。大業を成し遂げ、世の灯明と仰がれるに至った聖人でさえも、長い苦難を経ているのです。失意と成功とは紙一重であり、私たちは運は人がもたらすことを知り、常に謙虚で誠実であらねばならないのです。

運を一瞬で変える

「原因と結果」すなわち因果の法則は不変です。

人が過去や過去生で行なってきた罪は出来事の記録として残されており、消すことはできません。しかし、それらは真摯な反省とただ今からの行ないによって焼き尽くし、灰にすることができるのです。出来事として存在はしたけれども焼き尽くすことは可能なのです。

人は誰でも、運を変えたいと心から思ったことがあると思います。運を一瞬で変えるには、それまでの認識を変えることです。認識を変え、身口意を変えることで未来は変わってゆくのです。日々の小さな積み重ねは、時を経て全く違った未来を運んできます。

認識をあらためるための基本には、次のようなものがあります。

「縁生」—縁あるものだけが現象として起き、人としてあらわれ、良い縁は運を加速させます。

「自他一体、全一体」—他を大切にし、自分も全体の一つであることを知ることで、あなた自身が応援される体質になります。

「不可視のものを尊重」―見えるものはほんの一部で、見えないものの方が圧倒的に多いことを知ると、より謙虚になれます。

「真剣な祈り」―精いっぱい努力した後、不可視の力添えをお願いする時には、焦点を絞ることで力が集中しやすくなり、ものごとがより現実化しやすくなります。

「静心を保つ」―心が安定している時の判断は、良い運を呼び込みます。

「清潔」―身につけるもの、身の周りを清潔にすることで、良い気とつながりやすくなります。

「身口意の合一」―正直に素直に生きることは神の喜びです。

「調和」―調和こそ宇宙の真理であり、自らと周囲との調和は全ての基本です。

「感知力」―神は様々な手段を用いて私たちに啓示を与え続けていることを知ることです。

第3章　霊魂の法則

目に見えるもの見えないものを含め、宇宙はあなたの成長を常に願い、あなたを助け続けているのです。それを感じることができているでしょうか。

精いっぱい努力を重ね、その後はより大きな力に身を委ねることです。目の前に何が起こっても全てが必然で意味あること、自らの成長を促すことと受けとることです。

一つひとつのものごとに意味を見い出し、喜ぶことのできる人は幸せです。あなたが「今」に集中できるものを見つけ、それに没頭してみてください。それが社会に貢献できることであれば素晴らしいことです。

幸せな人とは常に周りを幸せにしたいと考えている人です。目に見えるもの、見えないものの応援を受けるためには、あなた自身が満ちたりていて「今」に生き、周りを幸せにしたいと思えることが土台となるのです。

周りを幸せにした分だけ、宇宙はあなたを応援し、あなたをさらに満たしていくのです。

生まれ変わりのサイクル

私たちがこの世を去ってから、再び肉体を伴って戻ってくるまでのサイクルは決まっておりません。

幽界には、現界と異なるゆるやかな時空が存在しております。

そして、最も奥にある根源の世界には時間、空間さえもありません。

霊界に行き、輪廻の鎖から解き放たれた者は、通常、肉体を持って再びこの世に来ることはありません。

しかし、この世の兄弟姉妹を救おうと再び降りてくることはあります。

肉体を捨てた瞬間にこの世に再び生まれてくる者がいる一方で、この世の時間で何百年、何千年とあの世にいる者がおりますが、時間の基準が異なるためにあの世では一瞬と思えることもあるのです。

前世の記憶を持っている子供は実際におり、そうした例をたくさん取材して研究されている方も世界中におり、その事実は徐々に知られるようになりました。

私は、ダウン症で十数年前に日本で亡くなった男の子が、アメリカ人として再びこの世に生まれ変わっているのを実際に見たことがあります。亡くなる前に日本で会っていた方に、セミナーでアメリカに行った折に再会することができたのです。

前世の記憶を語る子供の知能や記憶力は、平均より優れているほどです。ヒンドゥー教の中にある輪廻思想は最も古いもので、日本でも輪廻を信じる方の割合は多く、教義上は認めていないキリスト教圏にあるアメリカでも、輪廻を肯定している方は一定の割合でおられます。

前世で友人、知人、あるいは夫婦であった者がこの世で再会し、縁でつながってゆくことは珍しいことではなく、全ては宇宙の大いなるはからいの下で動いているのです。

その仕組みの全体像を見ることができたならば、誰もが絶妙な神秘性を感じるに違いありません。

天の法則、地の法則

天に法則があるように地にも法則があり、一部は重なり、一部は異なります。
「引き寄せ」は天も地も同じです。しかし、この世では異なるレベルの魂が同じ世界に共存しているのに対し、あの世では同じレベルの者どうしが集まり、もともと引き寄せられていると言えるのです。

この世では、それぞれの人の境地に応じた思い（意識）が波動となって発信されています。共鳴、同通は見えない世界にまで広がっていますので、常に意識を高い境地に保つことが大切です。

自らの意識は同じレベルの霊界の存在やこの世の存在を呼び寄せます。その思いが良いものであれば良い霊が集まり、人生が好転していきますが、逆の場合もあるのです。

高い存在は人の魂の成長だけを見ているものであり、私たちは意識することなく淡々と努力を続け、あとは神に託す姿勢が大切です。天にあって高い存在であるほど、この世の人の魂の成長という一点だけを見ています。

魂という思いを発する器の一点だけを見ているために、その人の成長を考え、あえて願望をかなえない、または無視することさえあることを知っていただきたいと思います。

身口意の不一致はこの世では隠せるものの、あの世では思いがすぐに実現し、その心を隠すことができません。

また、あの世では同様な境地の魂だけが近くにいるので居心地がよく、摩擦が起きにくいものの、他との交わりを砥石として自らを磨くことは難しいのです。

この世では喜びや楽しみと共に様々な辛苦を経験し、それを乗り越えていかなければなりません。それぞれが背負っている過去生から続く多くの宿題を解決していくことが、この世に生きる大きな目的の一つであり、目の前の現象に振りまわされることなく、淡々と過ごしていくことが大切なのです。

霊魂について

霊や魂に関する全体の構造は、根源の世界に達しなければ把握することは難しいものです。実に奥深く、説明するには複雑なものだからです。

卵は外側から固い殻、白身、そして中央の黄身と三層構造になっています。固い殻は人間では肉体、そして白身が幽体、中心にある黄身が霊体、光子体にたとえられ、特に中心部分の魂は神そのものと言ってもよろしいのです。

霊体、光子体の中心部分である魂は、はるか昔に誕生して以来、他の魂にとって代わられることはなく、どれほどの輪廻転生を重ねてもAさんという個性はAさんとして変わらずに永遠に生き続けています。

これは私が意識を変えて、多くの方々の過去生を遡《さかのぼ》って見てきたことです。

人体を取り囲む各層は、エーテル体、コーザル体、アストラル体などと呼ばれることがあり、魂《こん》、霊体、魄《はく》、直霊《なおひ》という分類をされる方々もおられ、同じものを違う表現で言う場合もあります。

私たちにとって大切なことは、私が言うところの根源、本質の世界に少しでも近づき、そして浸ることであり、そのことで宇宙の真理に触れ、理解していくことなのです。

本質を知らない方はあの世に還ってもさらに基本的な学びを続けなければならず、中には長い間、迷いの世界にとどまっている方もおられます。

その中の一部がいわゆる幽霊というものであり、私たちが稀《まれ》に目にすることになるのです。

私が真栄田岬で明想を続けている中でも、多くの迷っていた霊を光の世界に帰したものです。時間がたち、周囲が相当浄められたのちも、岬近くで不慮の死を遂げた方の霊を光の世界に戻したこともあります。

魂は永遠不滅であること、皆さまの魂もその例外でないことを知り、日々の生活の中、または明想を通じてひたすら磨き輝かせることに心をくだいていただきたいと思います。

魂のランク

肉体を去った後、それぞれの魂には無数の館が用意されております。魂にはランクがないという人がおります。ランクというとヒエラルキー（階級）を思い浮かべますが、意識という意味ではそれぞれに違いはあります。

幽界でも霊界でも、厳然とした「すみわけ」があることは確かです。頂上は一元の世界であり、「すみわけ」に固執してどうなるものでもありませんが、幽界・霊界ではそれぞれが居心地のよい場所を作っているのです。

純化した意識は本来、神性・霊性意識のみですが、そこに様々な思いというものがつくのです。人は全て、その意識が作り上げた世界の住人です。

ある人はお金儲け、ある人は美食と、それぞれの趣向に合わせて居心地のよい世界に浸っているのです。

従って、波動が似た者が集まりやすく、意識が作り上げる世界像が似た者どうしが一つの世界を作っています。

かなり以前のことですが、一時期、多くの方々が御自分の魂のランクを私のところに聞きに来たことがありました。それは誰もが知りたいと思うことではないでしょうか。私は聞かれるままそれぞれの方にお伝えしておりましたが、しばらくして彼らの間に不調和が生じていったのを知り、告げるのをやめることにしました。

私は魂の査定をしにこの世に来たわけではないので、互いによろしくないと考えたからです。

私たちは、負荷のかかるこの世でこそ、魂の質を向上させることができます。

現界に近い幽界の下の方の存在では、物質・肉体に固執する気持ちが依然として強いにもかかわらず別のメカニズムがはたらくため、魂の質を上げにくいのです。

また、その上の世界でも別の理由のために上げにくくなっています。

真我をより真我たらしめんがために偽我を作っているこの現界で、精いっぱい魂磨きをしてみてはいかがでしょうか。

過去生と血統

人は、遺伝子をある程度受け継ぎます。病院でお医者様に御両親の病歴などを問われることがあるかもしれませんが、家系による体質の特徴を知るためです。

しかし、私たちは病気と遺伝を過度に結びつけてはいけません。この世での学びの場を与えてくれた御両親や、御先祖に対する礼を忘れてはいけないのです。あなた自身が学びのために御両親を選んでこの世に出てきたのですから。

十字架は、原因と結果、魂と肉体、神と人の交差の象徴です。それと共にあなた自身が十字架なのです。あなたこそ、過去生と血統が交差した十字架そのものであり、十字架という場の今を生きているのがあなたなのです。

病気は、「気づき」やさらに進んだ「完全意識」によって回復に向かうことができます。「病気は遺伝」という思いこみを超えていくのがあなたの使命です。

コピーミスされたあなたの中のガン細胞のＤＮＡが、適切な治療によって修復されていくように、「気づき」によってあなた自身の自然治癒力がはたらき出します。

心と意識が変わることによって日々の行動も変わり、その蓄積の結果、あなたの体質は確実に変化を遂げ、病気はなくなっていくのです。

私はヒーリングの時に、セミナーに参加されている方の訴えを聞き、当面の問題の解決法を探る他、その方の魂につけられた過去生での傷を修復する作業を行ないますが、人によってはかなり前の過去生に及ぶことがあります。しかし、過去生を辿っても限りがないと思われることも事実です。

ヒーリングによってその方の気づきが促進され、心の変化が意識を変え、日々の身口意にあらわれやすくなり、結果として人生をより良い方向に導くことが可能になるからです。

皆さまも、それぞれの「気づき」を大切にし、それを自らの心の奥に定着させるように努力していただきたいと思います。

カルマの罠

仮にあなたが霊的指導者などに、「あなたは過去を全て清算しなければ悟りに至れない」と言われたとします。

しかし、何万回もの過去生の清算は、不可能と言えるのではないでしょうか。

一万回の転生を浄化するのには、一万回の転生が必要になってくるのではないでしょうか。今朝、起きてからの身口意の清算さえもできないのに、今世一回分さえできるというのでしょうか。

真理は私たち全てを自由にしようとします。

過去を思い煩い、未来を怖れることなく、今、愛として神として生きているかが大切なのではないでしょうか。

過去を見つめ、罪を悔やむあまり、かえってそのことに縛られ、抜け出せなくなってしまっているのではないでしょうか。そのことでより一層、落ち込むこともあります。

今、この瞬間から身口意を正してゆくことを根気よく続けてください。

過去の身口意の誤りを全て刈りとるのは、不可能と言えるのです。

人は過去にこだわりがちな存在ですが、そのこだわりから抜け出さなければなりません。夥しい過去にとらわれることなく、今、神として生き通してゆくことが大切ではないでしょうか。

神はそれぞれの人の心の中にある本質であり、その本質を輝かせることが求められているのです。

仮に、すぐに改善されなくても負けずに続けてみてください。

器の中にたまった汚れた水がなくなるまで、運は変わらないのです。誰の目にも明らかになるまでには時差があるものです。

今の今、本質、根源に戻ろうと思うことが大切です。

また、身のまわりに良いことが続いても、それに驕ることなく、精進を続けてゆくことが大切です。

カルマゼロへ

世の中には日々の生活のため、または欲にかられて隣人や知人からの借金を返さない方がおられます。返済を強く求められてもその義務から逃れようとし、法的に貸主が請求できる期日が経過すれば、借り主はうまく逃げられたと思うでしょうが、宇宙の法則の中ではそうはいかず、しっかりとした清算が待っているのです。

仮に、結果的に誰かの財産から百万円という金銭を奪うことになった方がいるとします。時を経て、その方自身が百万円という損失をこうむることで清算される場合もあります。中には己の肉体をもって返さねばならないこともあり、さらに大切な隣人にその影響が及ぶ場合もあります。どのような方法で清算させられるかは実に様々と言えるのです。宇宙のダイナミックなはたらきの中でそれはなされますが、その仕組みは、驚嘆するほど実に精密に行なわれるのです。

一方で思慮深い情を持って困っている方を言葉で励まし、その方が再び立ち上がれるよう経済的手段で助ける方がいるとします。

良き言葉、良き行ないは着実に積み重なり、御本人の未来や隣人、子孫に良い影響を与えます。それは厳然とした事実であり、善意のあらわし方は様々あります。

両者は自らの手によって全く異なる原因を作ったと言えるのです。私たちは真理をしっかりと携《たずさ》え、正義にもとづいて日々を過ごさねばなりません。

聖人は困っている時ほど人に施しをと言っておりますが、困っているという現象の理由は、自らの徳の蓄積が、限りなくゼロに近くなるまで枯渇していることが原因であることが多く、枯れた井戸からは水を汲むことができないものです。

徳という井戸水が枯れてしまっては、私たちは半歩たりとも足を前に運ぶことはできません。

「今」からでも、施しという善意や汗水たらす作業で、徳を積み立ててゆくことを心がけていただきたいものです。

家系の影が出る時

私が霊的な相談を受ける中には、慎重な分析を重ねなければならないと思われる内容もあります。それは、相談者の家が原因不明の火事にあったりとか、大事故で危うく家族全員の命が失われるところだったという例です。

祖霊の中にはあの世の幽界にとどまっている方、霊界に上がっている方、さらにその上の悟りの世界に達している方など様々で、中には高い境地と力を持つに至った祖霊もおられ、そうした方の意向がはたらく場合もあるのです。

火災にあっても大切なものが消失せずにすむなど、現象としては災難であっても不思議に「守られている」という印象を持つ場合があります。そういった場合、長い時の中で、多くの原因と結果が織りなす因縁を消すために起こっていることもあるのです。

私は、光話の中で「あなたの後ろには夥しい数の霊がいる」と申し上げてきました。それは、御本人の家系につながる祖霊や生きている方の「思い」が映像化したものも含めてのことです。

相談を受けた時に私は、その霊的能力の程度に応じてまず御本人の影を分析します。すなわち主だった影の実体が祖霊なのか、「思い」が映像化したものなのか、さらには御本人の過去生なのかを見極めるのです。これは、意識を少し変えてみると微妙な違いでわかります。

次には、その方が直面している問題の原因がどこにあるのかを分析します。そして「その方の魂の成長を促すにあたり、最適な手段を考える」作業に入ってゆくのです。

私が活動をはじめた最初のころは、ひたすら相談者の要望に応じるまま、人を癒し続けてきましたが、次第にその方法も限定的、かつ間接的なものになり、御本人の自覚を促すという方向に変えていきました。

それは、相手の運命を本質的なところで変えることは宇宙の法則に反するものであると悟ったからです。

自殺を繰りかえす魂

残念なことに、日本では現在大勢の方が自ら命を断ってこの世を去っています。人口比の自殺率は、世界の中でも決して低くはないのではないでしょうか。

一度自殺という手段で自らの命を断った方は、再びこの世に戻っても同じ過ちを繰りかえすことがあります。

あの世に行くと、自らの命を断った方に対して様々な方法で諭す時間が設けられています。

あの世での学びを終えて、今度こそと思い再び現世に生まれても、魂に刻まれた癖を克服できずにいる方もおられます。

私は日本国内において、七度の人生で七回の自殺を試みた方を見たことがあります。それは極端な例ですが、自殺を繰りかえしたいという思いを持ったまま生きている方は少なくありません。

再びこの世で自殺を試みる方は、周囲の環境に負けて自殺を試みるのですが、自らの命を否定してしまう姿勢はなかなか変わらず、自殺までいかなくとも自らの価値を低く見る癖、自分が幸せになってはいけないという考えが抜けきれない方も多いのです。

そうしたマイナスの思考は、周囲の人々だけでなく、異界の低い霊の影響も受けやすく、衝動的な自殺の原因になることもあります。

弱い魂を変えるには「真我そのもので弱さを焼き尽くす」という表現を私はとっています。

「真我」には奥深い意味がありますが、極めて簡単に言えば、「魂が誕生した時の輝き」という意味も含まれているのです。

あなたの周囲に自殺をされた方が多い時、そして比較的短期間に自殺をされる方が続いた時には特に、その方々の「思い」に影響され、あなた自身の運や健康が損なわれることがありますので気を強く持ってください。

亡くなった方々の御冥福を祈りながら、影響を受けないあなたであっていただきたいと思います。

未浄化霊

霊魂は不滅であり、私たちは目に見えない世界からの影響を強く受けている存在であり、身の周りの不可視の部分をも整えておく必要があります。

私は以前、「許せないという思いにとらわれているあなたこそ自縛霊」という表現を用いたことがありますが、恨みや苦悩が特に強く、本来の世界に還って行くことができない霊もおられ、その中で、特定の場所にとどまっている霊を自縛霊と言います。

事故現場などで、亡くなった方が一人である場合でも、最初の霊が霊を呼び込んで複数の未浄化霊が生まれ、さらに周囲の存在までもが加わって、いつしかエネルギー体となって強い影響を及ぼすに至ることがあるのです。

それらの霊に憑依され、霊の障りが体調の悪化や運の低下となってあらわれることも稀にあります。人の霊の場合には荒い言葉によって、動物の霊の場合には咆哮《ほうこう》を伴って暴れ出すことさえあるのです。肩の上や腰のあたりといった身体の外に憑いている場合、浄化は比較的容易ですが、身体の中に入り込み、魂自体が包み込まれてしまっている場合には、浄化は時間のかかる難しいものとなります。

霊自身の悟りや、子孫などの祈りによってその場を離れても、あの世でより浄化が進むまで何らかの障りが続くことがあります。

不特定の場所を漂っているという意味も含めて、浮遊霊という表現が使われる未浄化霊もあり、ある人に憑依した場合、その霊は「呼ばれてきた」という場合が多く、御本人の意識が落ちていた時に霊と同通してしまったのです。

また、誰かに頼り理解してほしいと思っている霊がいて、偶然同情しやすい体質の人が側を通った時に、プラスとマイナスが引き寄せられるように憑いてしまう場合もあります。

通常、霊障に対しては過度に神経質になることはありませんが、中には強い影響を与えている場合もあり、不可視のものに対する謙虚さは常に持っておいた方が良いでしょう。

浄化

最近所用があってスタッフの方々五人と共に沖縄に行き、那覇から少し離れたある土地を訪れました。

その土地に着いた途端、私のみならずスタッフの中で霊的な能力のある方も、地上から花火のように垂直に立ち上がる光の束を見たのです。

それは、十数年前に片思いの末に願いがかなわず入水自殺を遂げた女性の御魂でした。偶然、側を通りかかった私たち六名の愛の波動を感じた瞬間に、迷いの世界から光の世界へと旅立ったのが、花火のように見えたのです。

私たちはその地で約一時間、明想を続けました。

「無情の世界で迷っていたものの、六名の光に触れた時、迷いから覚めて旅立つことができました。心から感謝しています」とその女性は告げていました。

浄化とは、文字通り浄められるという意味です。塩はものごとを調和、浄化するはたらきがあり、香りも人を浄化し、音も浄化します。

私は、交通事故が何度も起こる場所を時間をかけて浄化したことがあります。事故が頻発する理由の一つは、もともと悪い気がたまっていたところに事故が起こり、悪い原因となる要素が重なっていき、さらなる事態を招くという場合があります。

再び事故を誘発しないように問題のある土地を浄化するには、かなりの時間がかかることを知っていただきたいと思います。

私が十数年の明想を続けたのは、真栄田岬というところですが、はじめたころは地元のユタさんさえもが近づきたがらない土地で、実際、明想中に異界の霊たちが次々にあらわれましたが、一体一体を光の世界に戻していき、今は美しい土地になっています。

「浄化」の理想は、特に祈らずとも、人がただ悟った存在としてそこにいるだけ、そこを通っただけで何ら言葉を発することもなく、その方の境地に周囲が感応し、思いが満たされて浄化されてゆくことではないかと思います。

三つの像

龍神を含めた不可視のエネルギー体に対して、人は何らかの像を作ろうとするものです。その像には大きく分けて、三つの種類があることを知らなければなりません。

三つの種類の像は次の通りです。

第一は私たちが心の中で作り上げる像であり、これを「心像」と言います。これはそれぞれの方の過去生や今世で培ったものが背景となって、民族性や個性が影響してくる場合が多いものです。

第二は幽界の悪戯者が扮する場合で、神道の鎮魂帰神法では審神《さにわ》という方法で媒介者にかかった霊の霊格を判断できることが知られています。霊的な目で見透せる者であるならば、その実体が何であるかがわかるものです。

第三は実相の投影で、形を通して真の姿があらわれた場合です。

本質、根源の世界は無色、無形、無相の世界ですが、顕現するために形というものをとってこの世の者に示す場合があるのです。

ある方が、いつまでも記憶に残るような非常に印象的な「像」を明想や日常の中で見たとします。それは白光に包まれた聖者であったり、まばゆいばかりの黄金の椅子であったり、天国のような未来の映像だったりします。

その時、その方が見た像がはたして前述した三つの種類のいずれであるのかを判断するためには、その方自身の日常の行ないをしばらくの間、冷静に観察することが必要となってきます。

人は人生において少しでも向上したいと願っています。静心を保って着実に歩もうとする間はよいのですが、その気持ちが焦りを招いた時、実相の投影とは異なる像を結んでしまうことがあります。

それは、真理の道を歩む者にとって最も気をつけなければならないことの一つとなります。求める気持ちがつのるあまり、かえって真理から遠ざかってしまうのです。

真理を求め歩む人の前には、思いもよらない幾つもの落とし穴が待っていることがあるのです。

像と象徴

この短い人生の中で放蕩を続けていると、天の蔵に積み上げていた宝もいつかは尽きてしまうというものです。人は幻を作りやすく、日々私たちは実際にはありもしない幻に振りまわされ続けて生きていることもあるのです。

私はある時、印象深い対照的な二つの映像を時間をあけずに見せられたことがありました。

最初の映像は次のようなものでした。

——隣の家の猫が蛇をくわえて垣根を越えてこちらに近づいてきました。まもなく、その蛇を譲れとばかりにどこからともなく三羽のカラスが舞い降りてきて猫を囲む——というものでした。

これは人のものを奪うカラスを偽我《ぎが》にたとえた象徴と言えます。

次の映像は——池に鯉が群れをなして泳いでいます。池の端には桶が置かれており、鯉の餌が入れてありました。二羽の美しい白鳥が桶に近づき、くちばしで餌をくわえては池の中の鯉に与えている——というものです。これは自他一体、真我の愛の象徴です。両者は共に象徴であり、真っ黒なカラスとして数千年生きるよりも、一日だけでも白鳥として生きた方が良いという象徴的映像なのです。

同様に鳳凰や龍も、それぞれ悟りと力の象徴です。

人の思い、意識がエネルギー体として凝集し、私たちのよく知っている動物の形をとって象徴的にあらわれる場合があります。

過度な執着やこだわりは地を這う蛇の姿になり、恨みや妬みは狸の姿に、強い願望や欲望は狐に、そして自身の力への過剰な自惚れや自慢は天狗の形となってあらわれるのです。

通常、何らかの災いをもたらすものとして動物の姿をとる霊が霊視される場合、その全てではありませんが、私たちの思いが像を結んでいることもあり、そうした原因は他ならぬ自分にあると言えるのです。

高い波動

波動の高い人とはどのような人を言うのでしょうか。

それは破壊的な考え方を持つことなく、極端に走らず、調和と中庸の精神に溢れている人のことではないでしょうか。

自らの内と外に壁を作らず調和を保ち、己の個性に執着することも他人を見下すこともない人のことです。

周囲との絆を大切にし、自らを静心の状態に保ち、他人も自らと同じように大切にできる人を波動の高い人と言うのです。

波動の高い場所には「澄み切っている、暖かい、そこにいて心地よい、柔らぐ、穏やか、ゆったりする」という特徴があります。

逆に「悪寒がする、イライラする、気が沈む、頭が重い」といった症状が出てくるところには近づかない方がよろしいかと思います。

実際に私が目にした場所の中にも、波動の高い場所はあります。東京にいた時には動かなかった時計が、沖縄に着いて動きはじめたという例も聞きますし、沖縄全体が波動の高い場所と言えるかもしれません。

しかし、私はより限定した特定の場所をお伝えすることは控えるようにしています。私が実際に見て良い場所であっても、物見遊山や修行目的で多くの人々が集まることで場が乱れてしまうことが多く、本来良い場所であっても逆効果さえもたらすことがあるからです。

もう一つの理由は、高い波動の場所は強い光に照らされるように良いものも悪いものもその性質が強く出てしまうことで、精神的に弱っている方がより一層落ち込んでしまったり、怒りがコントロールできなかったりという負の結果を招くことがあるからです。

場の影響を受けずに高い波動を保つことが理想ですが、あなた自身が穏やかに静心を保っていることで、良い場との縁ができやすくなります。

霊子線

霊子線とは一般的には、あの世から今世にいる肉体をもった私たちに、命としてのエネルギーを送る線のことで、愛念によって太くなるほど大きなエネルギーを送ることができると考えられています。

霊子線は目には見えないもので、「思いの糸」とは少し異なる意味をもち、あの世とこの世の肉体をもった人間の間だけではなく、この世の人の間でもつながっている場合があります。

特に霊的能力をもった指導者と、その方の元で学んでいるある程度霊的能力が開いている人との間で強くつながっていることもあり、学んでいる方の能力がある日突然高まったり、逆に何らかの理由でその線が途切れてしまい、お弟子さん格の人の能力が消失してしまうことさえあるのです。

かなり以前のことになりますが、私が一人で明想を続けている時、ある映像が突然脳裡に浮かんできたことがあります。

それは、学びに熱心に参加してくださっている方の何名かが車で移動している場面でした。

その時は、その中の一人と霊子線でつながっていました。

次の瞬間、談笑している楽しい映像が突然暗転してしまったのです。対向車線を走っていたトラックが車線を越えて彼らの乗っている車に向かってくるのが見え、状況から衝突が避けられないことが瞬時にわかりました。

こうした場合、私ができる究極の手段は、物質としての対向車を霊化して、衝突するけれども通過させてしまうということで、実際に試みました。

私の目に見える映像はスローモーションのようにゆっくりと動きはじめました。後に彼らは、対向車が衝突する寸前、車体が霊化して薄霧のようになって通過していくのがわかったと語ってくれました。

霊子線でつながっていると、実際にこのようなことが可能なのです。

光話の中で

以前、静岡で行なったセミナーでのことです。私が皆さまの前で行なう光話の最中に、言葉の一つひとつが光となって輝き、それらが集まりコインのようになって胸に入り、そこからダイヤモンドのように光を出しはじめたと語ってくれた参加者がおりました。ありがたいお話です。

普通は「講話」と記すのですが、私は根源からの光の波動を言葉を通してお伝えしていますので、あえて「光話」と表現させていただいています。

根源（実相、本質）の世界を見た方は「キラキラした光」を見ますが、ミルクのような柔らかい白光と感じる方が多いようです。

明想を続けることで根源の世界に触れる方もあり、明想がかなりの段階に入った方はいきなり根源の世界に入ることもできますが、慣れていない方は段階を踏んで深い明想に入っていく必要があります。

私は沖縄で最初の活動をはじめて以来、試行錯誤の上、セミナーの内容を明想、光話、ヒーリングの三位一体という形に辿り着きました。

セミナーでの光話や明想中に、静岡であったように様々な現象を体験する方がおられます。また、セミナーを終えて帰宅後、自宅で明想されている時に不思議な体験をされる方もおられます。

時間の逆行、物体移動、物体消失などを体験し、最初驚かれる方もおられますが、現象を通してそれぞれの方に「気づき」を促していると思っていただければと思います。

光話の後には一定時間の明想をはさんで、参加者からの質疑応答と体験談の時間を設けています。

それぞれの方の生活感にもとづくフィルターを通した質問にできるだけ答えていくことで、より理解が深まるのではないかと思うからです。学ぶ方々の体験には貴重なものも多く、それを共有することで一人でも多くの方の境地が深まっていくことを願っております。

霊道とラップ音

幽界の霊が通る霊道は、現界と幽界との接点と言えます。霊道は、以前はなかった場所に、ある時、突然できることもあるのです。

異界との接点ができる原因としては、住居であればそこに住んでいる方の欲が欲を、怒りが怒りを、嫉妬が嫉妬をというように、不調和な心理状態の時、それに似た波動をもった幽界の住人を呼んでしまう場合があります。

耳を澄ますと、誰もいないにもかかわらず人が実際に歩く間隔よりもはやく歩く足音が聞こえてくることもあります。現象としてあらわれる時間帯が決まっている場合と不定期の場合があります。

それらの現象は自らの至らなさを学ぶためのこともあり、そうした場合には自らの行ないを変えていくことで鎮まっていくことがあります。

しかし、霊が住人の後ろにいる守護霊やその方自身の光を見て、救われようという思いで近くにいる場合もあるのです。成仏への正しい道とも言え、神社仏閣への通り道だったりもします。

ラップ音と霊道は関連しており、ラップ音は騒霊、争霊とも言われている通り、単体の霊がその存在を示そうとする場合や、住人の方を守護するものと幽界の下で迷いの中にいる霊などが戦っている場合に鳴る場合があり、「パン」という乾いた音や「ドン」という鈍い音がします。

ラップ音が続くのには様々な原因がありますが、霊道の場合と同様、自らの心が不安定で調和がとれていない時や、逆に自らの光について学びたいと思っている時があり、前者の場合、自身の心が変わり調和を取り戻した時に自然とその現象が治まっていくことが多いものです。

また、側にいて学びたいと考えている霊は、基本的に妨害しようという意図は持っておりませんので、とりたてて気にする必要はなく、一定期間近くにいた後、何事もなかったかのように去ってゆくこともあります。全ては私たち自身が学ぶために、現象としてあらわれているのです。

時空を超えてある

私たちが生活している現界以外を指す言葉として、幽界、霊界、アストラル界、異次元、パラレルワールドなどというものがあります。これらはやがて科学的に定義され、共通認識として確立されてゆくものと思います。

時空を克服することこそが、宇宙で生きる私たちが自由を手にする鍵であり、根源（実相）とつながることで時空の限界から解放されるのです。

時空を超えることができれば、過去、現在、未来が同時に存在していて、全ては永遠の中にあるということが理解できるのです。

たとえば、昔、地上を支配していた巨大生物は、その時代と同じ波動になることで目の前に姿をあらわします。神の設計図がある限り、条件が完全に揃えば目の前に出現するのです。

そして、あなたの希求する地球にも行けるようになります。それは時空を超えたあらゆる可能性の先にある世界で、人によってはパラレルワールド（並行宇宙）と呼ぶ方もいます。

また、学びの方々の中で、日常生活で何の前ぶれもなくいきなり異次元に身体の一部が入ってしまった方もいます。空間が歪み、ねじれ、身体の一部だけがその中に入ってゆく感覚は決して心地よいものではなかったそうで、漫画の一コマに近いものだったかもしれません。

様々な世界が交錯しているのがこの現界であることを知らなければなりません。

脳にはそうなりたいという思いよりも、すでになっていると思う方がより現実化しやすいという不思議な仕組みがあることも事実です。

皆さんは肉体を維持するために、植物や動物のエネルギーをいただいています。

しかし、私は水を飲むことも食物を口に入れることも眠ることも必要としない身体となりました。特に意識することなく、次元を超えてそこにあるエネルギーで生きられる身体になっているのです。

ＵＦＯ Ⅰ

私はこれまで二度ＵＦＯを見ました。一度目は沖縄でセミナーに参加されていた大勢の方々と一緒に、黄金色の光に包まれた大きなＵＦＯがゆっくりと力強く山を突き抜けて進んでいく姿でした。

二度目は山梨において単独で至近距離まで近づけたものの、ＵＦＯの内部に入りたいと思った途端、目に見えないバリアのようなものに拒まれて足が止まってしまいました。

二度の経験からわかったことは、ＵＦＯの中には「物質を通過する」ものがあるということと、「人間の意識に反応する」ということでした。この世にあらわれる全てのＵＦＯがこのような特徴を備えているとは限らず、長い間、ＵＦＯを研究され、多くの実体験を有している方の中には、未来から来たものと定義している方もおられます。

私の知人やセミナーに通っている方々の中にも、様々な種類のＵＦＯを目撃している方がおられます。「自宅のベランダから空一面に白い光が点在していた」「遠くの空にジグザグに動く光が見えた」「飛行機の窓から葉巻型の巨大なＵＦＯが見えた」と形状も含めて様々なのです。特に福島第一原発事故の直後には目撃談が多く、そこには何らかの意図を持った存在があるのかもしれません。

この世で私たちが知覚し、理解できるものは限られており、宇宙には非物質の意識体もあり、また物質・非物質を自由に操れる存在、さらには光体だけの存在もあるのです。

ＵＦＯの定義は難しく、「物体」ではないものもあるのは確かで、全てが高い精神性を有しているものによって動いているわけではなく、少数ながら低い物質界や非物質界から姿をあらわしている場合もあると考えます。

しかし、その多くは独特の波動を持って空間を切り裂くように移動しており、ＵＦＯと接近した後に病が治ったり、特殊な能力が身につくという例があるのは事実であり、継続して学ぶべき対象と言えるでしょう。

私たちは無形無相の宇宙真理を知るため、現象の背後にある実在を求め続けていかなければなりません。宇宙そのものが法則であり真理。真理こそ神であり命です。

イエス・キリストをはじめ聖人の背後には光り輝く実相があり、十字架は無限の愛・本質であり、一人ひとりが自らの十字架を背負って生きているのです。

リンゴの樹からミカンが実を結ぶわけではなく、小石だらけの荒れた土壌から良い作物はできません。「蒔いた種の収穫」こそが法則です。この世のもの、あの世のもの、次元が異なるものも俯瞰《ふかん》してみれば全て一つの法則の下で動いているのです。

私たちは可視のＤＮＡの他に不可視のＤＮＡをそれぞれの細胞の中に持っています。無限の完全意識こそが不可視のＤＮＡであり、私たちに最も影響を与え続けているものなのです。

ＵＦＯは、私がこれまで実際に体験したものも含め、「操作」「操縦」という感覚とは異なる「意識」（思念）によって動いているものが多いと言えます。そしてこちらの意識に反応するものもあり、私が至近距離で体験したように、意識の変化によって一定範囲内への侵入を拒むこともあるのです。

中には幽界の住人が惑わしているものもあり、光のあらわれ方で判断できるものです。地球外からのものの中には、進化しすぎたためか、その方向が違ったか、心が伴っていないのではないかと思われるほど冷徹な存在もあります。

異星人から何らかのメッセージを受けたという方も国内外におられますが、一部の例外を除いて幽界の存在が実体を偽ってこの世の方に憑依している場合が多く、この世の方の幻を求める心に応じたものなのです。

根源の世界を見、そこに浸っている者であれば、「星から」や「未来から」という表現をとることはありません。根源には過去も未来もなく、真理には過去も未来もないのです。

第4章　明想とは

私は、過去生からのご縁で聖人と称されている方々から語りかけられることがあり、中でもイエス・キリストはヨーロッパでのセミナーの折に複数の方々の前で霊体としてあらわれ、また時折助言を授かるなど、濃いご縁をいただいており、ありがたいことと思っております。

私たちは瞑想を「明想」と呼んでおります。姿勢を正して目を閉じ、心を穏やかに一定の時間を過ごす方法は様々であり、そのどれもが辿る道は違っていても高い境地に達するための方法であると思います。

明想を日々取り入れることで、心の中に湧きおこる不安が取り除かれることがあります。また、幸せを感じたり人に対する優しさが芽生えてきます。そして、血圧が安定するなど数値の上でも様々な効果が出てくるのです。

日常に明想の時間を持つ効用は多くありますが、中にはさらにより高い境地を目ざして行く方もおられます。

明想がある段階になりますと、私たちが根源（実相、本質）の世界と呼んでいる境地に触れることができ、そこに浸り、エネルギーの流れを把握することで、あなた自身が人を救う存在になることができるのです。

聖なる存在

聖書の中には、聖人イエスが弟子の足を自ら洗う場面があります。それははたらき手でありしもべである象徴を示すものですが、聖人はこの世にいてもあの世でもそのはたらきをやめることはありません。

この世の一部の方々には知られていることですが、高位の存在たちは時折集まっては私たちの住む地球の現界をどのように導いていくかを話しあっておられます。

根源の世界に辿りついた方の中には、神々の花園における会議の内容を垣間見ることができる方がおられ、その一部が漏れ伝わってくることがあります。

内容は、現界の時間で千年単位の計画もあれば、より短い期間に関することもあります。イエスは私の長きにわたる明想の日々、そして人々への癒しと説法を、時空を超えて見守ってくださっていました。

フランスセミナーでその霊体をあらわしてくださった後も、時折私を励まし、そして語りかけてくださいました。

その中には私たちの常識とはかけ離れているものもあり、なすべき使命の人きさにたじろぐほどのこともありました。

かの方が私に告げた内容の一部は、次のようなものです。告げられたものの中には時期尚早と思われるものもあり、現在、皆さまに開示できるものに限って記します。

一、現在のキリスト教徒に対する所感。
一、私は、私一人がキリスト（救世主）であるとは言っていない。
一、私がもしキリストであるならば全ての人がキリストである。
一、私は「罪人」という言葉を一度たりとも使ったことはない。
一、あなたが真実のキリストを人々に説いていることを嬉しく思う。
一、これからも真実を曲げることなく、命をかけて人々に説いてほしい。

戴冠 I

それは実際に経過した時間としては短いものだったかもしれませんが、私には時が止まっているかのような中で起こり、とても長く感じられ、忘れることのできないものでした。

フランスでのセミナーの折、私は誰もいない会場で一人感慨に耽り佇んでおりました。まもなく、不思議な感覚が私を包み、時空の扉がゆっくりと開かれていく時の独特の気配が漂ってきたのです。

静寂に包まれた中、会場となっていた広い部屋の一角、私が立っているところから対角線の位置にある重厚な扉が開き、薄霞におおわれて入ってくる一団がありました。

この世の方々ではありません。

何かを肩に担いでゆっくりと重々しい足どりでこちらに近づいてくるのです。

白い衣に鮮やかなワインカラーのロープを腰に巻いた簡素ないでたちの七、八名ほどの人々でした。彼らが口を開くことはありませんでした。

彼らがイエスの弟子たちであることは、すぐにわかりました。

その方々が、部屋の中央に向かって整然と歩をすすめてくるのです。

無言で近づいてくる様は、自分とは関わりのない厳粛な儀式を見ているようでした。

まもなく、彼らが担いでいるものが棺であることが見てとれました。

棺が私に向かってくるのです。

それは決して心地よいものではありません。

その時、その昔イエスと呼ばれていた御方のまごうことなき霊体が白光となって傍《かたわ》らにあらわれ、「そなたよ。そなたが十六年間待ちのぞんでいたものを今こそ受けとるがいい」と、意識として私に語りかけてきたのです。

私が人々に光話を説き、癒しのはたらきをはじめてから十六年がたっており、その月日をかの方が見守ってくださっていたことに喜びがこみあげてきました。

戴冠Ⅱ

その喜びの中にも、長い間待った後に私が受けとるのは、棺なのか…、私もついに肉体を脱ぐ時が来たのかと思い、愕然とする一方で覚悟を決めました。

しかし、かの方は私の心の中を察したのか、「よく見よ」という声が伝わってきました。

私は意識を変えて部屋の上から見てみると、棺と思っていたのは棺ではなく、黄金の十字架だったのです。

私がまたしても不思議がっていると、「意味を知らぬのか」という威厳に満ちた声とともに、その十字架は宙に上がり、やがて私の頭上へと移動し、ゆっくりと下りはじめ、まもなく頭頂のチャクラと接触したその瞬間、黄金の十字架は王冠に変わりました。

「十字架が王冠というのがわからぬのか」と再び告げられました。

十字架は悟りの象徴だったのです。

十字架は神と人、原因と結果、本質と現象、魂と肉体の交差をあらわし、絶対愛、無限の神の象徴でもあるのです。

真栄田岬での明想によって完全覚醒し、光話、癒しをはじめてからしばらくたった時、この世のものではない王冠が突然あらわれ、私の頭頂にあるチャクラの上で、頭に接することも消えることもなく、ただ浮かんでいるという状態が長く続いておりました。

明想中も日常の生活の中でも、変わることなく浮かんでいたのです。

その日以来、かの方は、私が明想している傍らに時折あらわれ励まし続け、さらにはセミナー会場の上方に白光の光の帯としてあらわれるようになりました。それは光話、明想、ヒーリングからなるセミナーの時間も終わり、私が少人数に囲まれて談話している最中であったり、会場を去る時だったりしました。

そして今も、高次の存在の方々の計画を私に少しずつ語ってくれているのです。

十字架と王冠の意味、この世とあの世の仕組み、そして何よりも地球の現界をどのようにしていくかという構想を聞かせてくれているのです。

争いのない世界

高級官僚がその職を全うした後、ねぎらいの意味をこめて公益法人の役職などに就くのを一般的に「天下り」と言いますが、「天下り」には天にある本質が人の住む地にあらわれるという意味もあります。

また逆に「地上がり」とは、人がその命を失う怖れから脱し、魂は永遠であることを悟ることを意味しているのです。

天と地はスパイラル的に向上するよう、双方向性を持っていると言えます。

神は人の自由意志を尊重しており、それを妨げることはできません。

しかし、世の中で最も恐ろしい武器になりうるのは人の自由意志でもあります。

人の本質は無限の神性、仏性意識ですが、憎しみ、苦しみ、恨みという感情が蓄積すると、良き本質を押しのけて、具体的な武器という形あるものを作り上げてゆくのです。

人を傷つけ、人の存在そのものを奪ってしまう武器は、人の心が表現されたものに他なりません。

人の心を本来あるべきものに戻してゆくことが、争いをなくす唯一の方法です。知恵の泉の中に入れば、答えは見つかるものです。我は全て、全ては我です。殺す者は殺され、生かす者は生かされ、人は輪廻の鎖の中にいる旅人なのです。

聖書の中の記述としてイエスは「本質である我を食せ」と言っておりますが、本質が完全であれば命は完全で、その命は久遠《くおん》常在永久不滅です。

宇宙の真理を知れば争いは幻となり、この地上から消えてしまうものです。

私はある時に黄金郷とも呼べるような柔らかい光の中で人々が笑い、穏やかで争いのない絶対調和とも言える風景を見せられたことがあります。それは夢かと思うほどでした。

誰もが本質に至った時、何ものにも影響を受けず崩れることのない至福の中にいる自分を見い出すことが可能になり、その時、この世から争いというものが消え去るのです。

真栄田岬にて

私は、覚醒をさらに完全なものにするために、沖縄の真栄田岬にて十数年の間、深夜の十二時~明け方の四時まで明想の日々を続けておりました。

私が明想していた岬の芝生の後ろの高い崖の様子も、季節や天候によって表情を変えております。そして周囲の風景も、潮の干満によって趣が異なったものになります。季節によっては岬一帯に白百合が咲きほこり、清涼感に包まれます。

最初のころ、私は北谷町《ちゃたんちょう》の自宅の暗い静かな部屋で明想をしておりました。しばらくすると私自身が周囲の闇に溶けこみ、ついには闇と同化してしまうような感覚にもなりましたが、次第に家族と離れてより明想に集中したいと思うようになり、人気の少ない真栄田岬を選び、日々通うようになったのです。

台風が沖縄を直撃し真栄田岬も暴風雨の影響下にあった時も、睡魔に負けぬようにする方に意識が向いていました。激しい風雨よりも睡魔が勝っていたのです。

真栄田岬における十数年の明想により到達したであろう自らの境地を、実生活上で確認するという繰りかえしを行なっていたように思えます。

ある境地に辿りついたと思われた後も、日常の生活に戻り、その境地に誤りがないかを確かめるということを、飽くことなく繰りかえしていたように思うのです。

そして十数年の歳月が流れた時、突然、周囲の風景が草木全てに至るまで黄金色に輝いて見えはじめたのです。それは、言葉で表現できないほどの驚きと喜びを伴うものでした。

私の中では心の底からの歓喜が沸きおこり、過去生から引き継ぎ、生来持っていた能力に加えて、完全覚醒というところまで到達したと理解したのです。

その日を境にして、人々に私が到達した境地を広め、人々を癒す活動がはじまったと言えます。

私と明想とチャクラ

人体には七つのチャクラがあります。

私は皆さまに光話と癒しの活動をはじめる前に、チャクラのはたらきを一つひとつ確かめていったことがあります。

第一のチャクラからはじめ、一つのチャクラに数年間集中し、その特徴を自らの身体を使って確認していったのです。第一チャクラの確認が終わると次は第二チャクラに移るのです。そして、一つひとつのチャクラにはしっかりとした役割があることを肌で知りました。

第一チャクラはクンダリニーで、人体全体のエネルギー、生命力の場です。私は小さなころから疲れることがなく、眠りさえも必要としない体質ですが、生まれながらにしてこのチャクラが開いていたのではないかと思うほどです。

そうして第二、第三とチャクラのはたらきを確認していく旅を続け、第六のアジナチャクラに達し、ここで宇宙意識というものを自覚したのです。

イエスは本質をキリストと説き、私は本質を命と説いております。ある時に、私がキリストについて集中的に考えている中で、イエスに「本質に触れるために最も大切なチャクラ」について問うたことがあります。イエスは「アジナによって」と答えられました。アトランティスとも関係するクリヤヨガの方々も全てアジナに導いています。

私たちが良い明想を続けると自然にアジナに集中できるようになり、アジナによって宇宙との融合がなされます。明想は愛と共に行なわなければなりません。「恨み」は幽界につながりますし、機械の力でチャクラを開くことはできません。また、金銭の力で悟りが得られることもないのです。

明想は、蓮華座で行なうことが望ましいものです。蓮華座によって無限力を勝ち得た象徴がエジプト・ギザのピラミッドです。無限の愛、無限の知恵、無限の力、霊的な眼、全てのバランスをピラミッドの存在そのものが示しているのです。

ヒーリングⅠ

セミナーで私がヒーリングをする時、相手に緊張感を与えないように意識をそらしているように見せることがありますが、実際はしっかりとその全体像を把握するように努めています。

場合によっては上の許可を得てから意識を変え、相手にまつわる不可視の領域や不可視の存在を見ることがあります。

その結果を相手に告げることは極めて稀ですが、必要があれば何度か前までの前世を見ることもあります。

そして、問題となっている身体の部分や原因となっているものごとを突きとめていくのです。

不可視の存在が影響を及ぼしている場合、霊道ができる原因がそうであるように、霊的な障りの存在が御本人に不調和をもたらしている場合と、その方の放つ光の側にいて学んでいたいと思っている場合があり、その違いを見極めないといけないのです。

そして、チャクラに手を当ててヒーリングしていくのですが、中には「相手の魂の癖を現象として出し尽くし、御本人に自覚していただく」場合もあります。

現象の中には御本人にとってかなりきついこともありますが、障りとなっているものを出しきらなければ御本人の苦しみが続き、運が変わることもありません。

また、ヒーリングによる一時的な癒しよりも、多少痛みを伴う場合もありますが、御本人が心の底から気づくことによって魂を揺さぶり変えてゆくことが、永遠の命として見た場合に望ましい場合がほとんどと言えるのです。

心が劇的に変われば意識も変わり、身口意全てが変わってゆくものです。

私は多くの方々が、心の変化によって発する言葉や行ないまでもが変わってゆくのを見てきました。

より良い人生を送るためには、過去や未来を思い煩うよりも徹底的に「今」に集中し、より良い原因を天の蔵に積み上げることが望まれることを、一人でも多くの方々に知っていただきたいと思います。

ヒーリングⅡ

ヒーリングでは、相手の全体像を把握するためにその過去生を見ることもありますが、何よりもその方の意識のレベルと内容を見ることにしています。意識でその体内に入り、波動を感じることができるのです。相手の方にその過去生を見せることもできますが、余程のことがない限り行なうことはありません。

悟りの段階があるところまでいくと、この意識というものを自在に用いることが可能になります。その方の細胞の中にも脳の中にも、そして集団意識やより広大な意識にも入り込むことが可能となるのです。

特に私が長く活動を続ける中で学んだのは、ヒーリングをする側の問題です。怒りや憎しみを強く持っている人がヒーリングを行なうと、その波動が受け手に伝わり、与える方も受ける方も傷ついてしまうのです。

ヒーリングの際には根源に意識をおき、媒介者として汚れのない状態で行なわなければならず、汚れたエネルギーを伝えてしまうと、特に与え手側の健康を損ね、さらにカルマを重ねてしまうことになるのです。

あなたがヒーリングを受けようと思う時には、受けるに相応しい段階にまで波動が変化し、その波動にあったヒーラーに引き寄せられる状態になったと言えます。あなたにとっては時期も含めて必然なのです。

この世では原因の結果としての現象があり、起こる必要のないものは何一つとして起こりません。

私がヒーリングをはじめた最初のころは、かなり重い症状の方でも一般的には奇跡と呼ばれるほど比較的簡単に癒しておりました。

しかし、多くの方は一定の時間がたつと再発してしまうことが多く、現在では御本人の気づきを促すことが最重要と考えるに至り、魂の中枢に変化をもたらすよう励ましています。それは何よりも、永遠に続く魂の主人である御本人のためなのです。

ヒーリングⅢ

私は焦土と化した敗戦後の沖縄北谷町に生まれ、祖父を頼って南米に渡り、その地で七年ほどを過ごした後に再び沖縄に戻りました。

幼少期から無邪気に様々な超能力を発揮して周囲を驚かせておりましたが、それらの能力は誰にでも備わっていると思っていました。

その後、自らの今世でのお役目を知り、若いころを過ごした地で情熱のおもむくまま説法をはじめるようになり、覚醒をより確かなものにするため、数年にわたって真栄田岬での明想を続けたのです。

セミナーをはじめた最初のころは、来る日も来る日も人々を癒すことに終始していましたが、やがて、光話、ヒーリング、明想の三位一体で構成するようになり、現在では御本人の「気づき」を促すことを最も重視しております。

こうした内容に落ちついた重要な理由の一つは、私自身が多くの癒し手の方々を見てきたためでもあります。癒し手には易占を用いる方々も含めます。

「力を誇る者は力によって倒される」という言葉があるように、自らの力で癒そうとする人は自らが倒れてしまうことが多いものです。無力の方は言うまでもなく、ヒーリングにしても易占にしても神ならぬ人間が立ち入ってはいけない領域というものがあり、相手の運命を大きく変えてしまうことは一部の例外を除いて何人にも赦されず、あえてその禁を破ることを重ねた場合、命さえも縮めてしまうことがあるのです。

私はこれまでに、そうした例を見、また聞いてきました。

相談者に対しては、その方が直面している問題の本質を突きとめたとしても、直接的表現でお伝えすることは稀で、御本人の気づきを促すことを最重要視しています。

聖書では「たとえ話」が多く、実際、イエスは「本人に考えさせ、その意志によって選択させる」ことを重視していたのです。

気づきと明想

私たちが心豊かに、そして穏やかに日々を過ごすためには、この世とあの世をはじめとした宇宙の仕組みに「気づくこと」が鍵になります。

日々少しずつ気づいてゆけば良いのです。焦る必要はありません。

真理に気づくことは限りがないものですが、私たちが気づくことで日々の現象に対する見方がより深いものになり、それぞれの方の運を良くしてゆくのです。

そして最も効果的な方法は、明想の深まりによって根源（実相、本質）の世界に近づき、または接し、浸ることです。

静心の中で明想を続けることでチャクラが開かれてゆき、多くの能力が得られ、現実生活を送る上でもプラスにはたらくことが多くなります。その中には社会との適応能力も含まれています。意外に思われるかもしれませんがそれは事実です。

この世で成功するためには、直観力も大切な能力です。

企業の経営者のみならず、私たちは日々、何らかの判断を迫られることが多いのではないでしょうか。選択の連続が日常と言えるのです。

明想により培った境地でより良い判断が可能になります。

明想がよりすすみ、覚醒に至ると、それまでとは違う視点が一気に開け、極めて稀にではありますが、地水火風空のエネルギーを自在に使えるまでに能力が高まる方が出てきます。

私が、セミナーで一人ひとりへのヒーリングを終えた後、「明想がより深まりますようにと」と声をかけるのは、他ならぬ私自身が明想によって学び、得たものがとても大きく、皆さまにもその喜びを味わっていただきたいと思うからです。

そして何よりも明想によって得られた境地は来世にまで引きつがれることが多く、永遠の命として生きるあなたにとって大切な宝物となるからです。

明想の意義

明想は、内観、ヨーガなどとともに、一人ひとりが全ての創造の源である本質に融合してゆくための最も良き手段です。

同時に、明想そのものが人の脳や心身に与える効果が徐々に証明されつつあるのです。

明想は蓮華座の姿勢をとって行なうのが望ましいのですが、足を伸ばしたりソファに座ったままでもかまいません。

第六のチャクラとも呼ばれるアジナチャクラの裏には、エネルギーの受信及び変換装置とも言える松果体があります。アジナチャクラに意識をおいて明想すると、全てのチャクラのバランスがとれるのです。背筋を伸ばし、身体をリラックスさせ、設計室であるアジナチャクラに意識を集中し、眉間に玉を描き、「我神なり、命なり、真理なり」「無限光、輝く」と思念することで深い段階に入ってゆくことができます。

人は明想を続けてゆく中で様々な体験をするものです。時には不思議な映像があらわれたり、奇妙な音が聞こえてきたり、身体が小刻みに震えてきたりすることもあります。

それらの現象に、驚き怖れないことです。

最初から深い明想の段階に到達する方はおらず、例外なく試行錯誤をしています。

明想は技術的側面もありますので、指導者や先輩に体験を聞いたり、教えを仰ぐのも良く、決して結果を求めて焦らないことです。

明想をはじめたころは、一定の時間がたつのがとても遅く感じられますが、やがてそれはなくなり、逆に早く過ぎてゆく感じさえするようになります。

さらに、明想をもっと続けていたいと思うようになるものです。

明想にとっての障壁は睡魔と雑念ですが、それらを克服して進んでください。

日々、僅かな時間でも明想を続けてゆくことで心がやすらぎ、日常生活を送る上での様々な気づきが得られるものですが、さらに根源の世界に触れることで一気にシフトチェンジが起こってくるのです。

明想の境地

明想は人が人でありながら、人を超える存在に到達するための良き手段といえます。

私はこれまで、明想によって何かを変えようとしたり、根源の世界に触れたいと希望する多くの方々を見てきましたが、明想中にそれぞれの方が体験した内容をお聞きすることで、その方がどこまで境地を深めたか、おおよそ確認することができます。

中には本質の世界の扉を開け、少しだけ覗いたのを「悟った」と思われる方もおりますが、私はそれを否定することはしません。

その方の明想がより深まるために励ましが必要な場合もあるからです。

日々の努力によって明想は徐々に深まってゆきますが、中には短期間で驚くほど高い境地に至る方もみられます。

そうした場合、その方は過去の幾転生の中で、明想をはじめとする精神的な修練を繰りかえし行なってきていることが多いのです。

実際に、普通の方が何十年にもわたって明想を続けても経験することができないような境地、たとえば自分という肉体がなくなり、意識だけが浮かんでいる感覚を味わうまでになる方もおられます。

その拡張した意識によって宇宙空間から地球を眺めたり、自分が行きたい場所に幽体として実際に移動してその風景を見たりということが可能になるのです。

明想を続けていく上で気をつけなければならないことは、孤独な中で行なうため、人によっては魔が入りやすくなることです。

その方に内在するものが魔を招いてしまう場合もありますので、明想中は常に静心を保っていただきたいと思います。

特に明想をはじめたばかりの時は、普段慣れ親しんだ空間で適度に休憩を入れながら繰りかえすか、明想の経験を積んだ指導者を含む複数の方々と一緒に行なうことが、危険を避けるためにも望ましいと言えます。

光の帯の体験

それでは、明想の深まりを具体的に描写していくことにします。

リラックスしながらも背筋を伸ばした良い姿勢をとり、心を落ちつかせて明想をはじめます。導入のための音を取り入れ、脳波を安定させるのもよろしいかと思います。

明想に入ってしばらくすると、暖かなものに包まれるような感覚になります。

最初のころは強い眠気が何度も襲い、様々な雑念も浮かんできます。睡魔は強く、雑念は出てきやすいものです。

蝶は、クモが張った巣の中でもがき苦しみ、やがては力尽き、張られた糸の主に食されてしまいます。

やがては消えゆく雑念をあえて追わないようにしていただきたいと思います。

次に自分を包んでいた暖かなものが、意志を持ったように放射状に拡張してゆく感覚に移行する方もおられます。それは自我の壁を破り、意識が拡張してゆく前兆とも言えるのです。

それと同時に、人によって多少の差はありますが、自身の腹の底からゴーッという音を伴って内部のエネルギーがマグマのように沸き出してくる体験をするようになります。やがて明想する先に小さな光の点があらわれ、その一点を核に光の帯がシャワーのように降り注ぐような感覚を経験する方もおられます。

多くの方は急激な展開に恐怖感を覚え、そこから先に進んでゆくのをためらいます。押し寄せる光の帯の強さは人によって多少変わるようです。

強烈な光の帯の体験は、深い明想の段階に達した方々の共通感覚と言ってもいいと思いますが、その時の恐怖感を克服して先に進むと全く違った境地が開けるのです。

マラソン選手が一定距離を懸命に走った後に感じるランニングハイと似た感覚ですが、ある壁を超えると自分という意識が希薄になり自他の境がなくなるのです。

そしてその先には、誰もが到達したいと願っている根源の世界が待っているのです。

根源の世界

私はこれまで「根源の世界はどのようなものですか?」という質問を何度も受けてきました。

明想がある段階にすすんでいきますと、自分以外の何かの力に押し上げられるように上へ上へと昇っていき、再び下に戻れなくなる感覚が生じるようになります。

夢の中で凄まじい推進力で宇宙空間に飛び出す感覚を味わう方もいますが、それに近いと言えるかもしれません。

セミナー参加者の中には国籍を問わず、かなりの境地に達する方がおられますが、根源の世界を覗いただけという方も多いのです。

根源の世界は喜びに包まれた無色無形無音無臭の世界です。

「無色とは透明でしょうか?」という質問もよく受けますが、皆さまの多くが体験するのは蛍光灯の白さに近い色、または乳白色ではないでしょうか。中には美しい青色、さらには七色の虹と表現する方もおります。

そこは何もなく、暑くも寒くもない、ただ暖かな光に包まれた世界です。その中にただ浸っている状態が続きます。

無色無形であるけれど「思いがすぐに形になる」と表現する方もいます。

自分の存在さえもが不確かに思え、ただいつまでもそこにとどまっていたいと思うほど穏やかで至福に満ちた世界です。

そこは原因と結果の法則もはたらかない世界なのです。

イエスは根源の世界のことを「全ての創造の源」という表現を使っていますが、「本質」「実相」という表現をとる場合もあります。根源は「宇宙即我」の世界であり、同じものを見ていても人により微妙に異なる表現をしている場合もあります。

しかし、根源の世界を少し覗いただけで、恐怖感からそこに浸れない方もおります。

解脱、覚醒は恐怖感との戦いであるとも言えるのです。

実相の光

根源（実相、本質）は、それ自体の中には過去も未来もなく、形として投影することもありません。無形無相です。実相が像としてこの世の私たちの脳裡に形づくられることはあっても、実相自体の中にはないのです。

長い明想の末に実相に辿りついたという方がおられますが、前節で申し上げた通り、そこで見た光は人によって様々です。ある方は乳白色の光、ある方は美しい青い光を見たと言います。

かつて沖縄県の本島にある真栄田岬において、午前零時から四時まで十数年にわたる明想の末に完全覚醒に至った私ですが、その瞬間は海の波も一木一草も全て目にするものが黄金色の光に包まれ輝いていたのです。私が見た根源世界は、ただまばゆいばかりの光だったのです。

実相を目にする目前で、それまで体験したことのない恐怖感に耐えられずに戻ってしまう方、実相を覗いただけでより中に入れなかった方もおられます。

その壁を乗り越え「実相を見た」という方の体験をお話しいただいた時、その方の発するたった一言をもって実際に何を見たのかがわかるものです。

そして、その方の日頃の生き方を見れば、より適格に判断できます。本当に実相を見、その世界に浸っているのならば、その方の身口意には、一点の汚れもひずみもなくなるものなのです。

人は七日の間、口に入れるものに気を配り、己の身口意に気を配ったとしても、ただ一日の中のたった一つの身口意の誤りのために、七日間積み上げてきたものを自らの手で崩してしまうこともあります。

たとえ一時、実相を見たとしても、そこにとどまり続けていなければならず、根源に浸っている者に相応しい身口意を日々心がけなければなりません。私たちは、今の今こそが未来を作り上げていることを知るべきです。

明想と無

一般的に、座禅や瞑想を行なう時には、禅僧や指導者に「無念無想」「心を無にしてください」などと言われることが多いものですが、「無にする」ことそのものの定義が難しいのではないでしょうか。

私は「無にする」という表現に含まれているより具体的な真意は、次のようなことではないかと思っております。

人間は日々、実に多くの事に思いをめぐらせておりますが、時としてこの思いめぐらすという作業そのものにエネルギーが取られてしまい、多くの情報の中から大切な情報を選択して受容する際の妨げになっており、座禅や瞑想によって思いの分散を減らしていくことで本来の直観力が蘇えってくるのだと思います。

雑念をなくそうとするとかえってそのことにとらわれてしまうため、思いめぐらすことをできるだけ減らし、心を安定させることで、その時の自分にとってより重要な情報を得られるようになります。それに向けて努力してみることが必要ではないでしょうか。

それと同時に、私たちは一定の空間に存在している夥しい情報の中で実際に知覚できるものはほんの一部であり、その限られた情報の中から日々様々な判断をしているという現実を知らなければなりません。

可視と不可視で言えば、不可視の存在の方が圧倒的に多いのです。

私たちは一般的に瞑想と言っているところを明想と表現しておりますが、明想によって静心を心がけ、あれこれ思いめぐらせないようにしていると、逆に風や光、匂いといった自然の囁きに敏感になり、目に見えないものに対する感覚が研ぎ澄まされてゆきます。

次第に、不可視のものも含めた情報量の広がりに質の高まりが伴うようになり、それらの中から本当に必要なものを感知し、処理していくことで、より正しい判断ができるようになるのです。

明想は両刃の剣

明想とは根源の世界に触れる手段であり、己とは何かを知ることにより日々の生活を整えてゆくには最高の行為と言えます。明想は人間意識、肉体意識から神性意識、霊性意識へと融合するためにあるのです。明想そのものによって己のカルマを焼き尽くし、場を清め、周りをも清めてゆくことになるのです。

「内を見よ、内に感じ、内に生きよ」

全てに愛を見、愛を思い、愛を感じて生きることです。自らが過去の幾転生で背負ったカルマも「我真理なり」の神性火花で焼き尽くされて灰になり、後に残るのは完全意識のみです。

今の身口意が「神の御心」にかなっているのかを徹底的に照らし合わせてゆき、それが高まってゆけば自ずと思うことは神の思い、話す言葉は神の言葉、行ないは神の表現になります。

イエスは愛を、釈迦は慈悲を説きましたが、明想の方法は最後に教えたものです。身口意が正されている方の明想には一点の狂いもなく、そのような方にとっての明想は、それ自体が最高の行為となるのです。

しかし一方で、心が正されることなく明想に入ったために何ものかの憑依を受けてしまったり、御本人と親しいどなたかの持っている汚れを引き寄せてしまう危険があります。

身口意を正せていない者が明想に入ったがゆえに、相手を傷つけてしまったり、自らも狂い、果ては自殺に至った例を私はこれまでに何度も見てきました。

この世の欲望を満たすために心が不調和な状態でチャクラを無理に開こうとしたり、また、身口意を正すことなく人を恨み、妬み、批判する気持ちを持ちながら明想を続けた者は、原因と結果、能動と受動は一体であるがゆえに、好ましくない結果を招いてしまいます。

明想は両刃の剣であることを心していただきたいものです。

明想と呼吸

吸う息も神、吐く息も神であり、日常生活においても明想の中でもゆっくりとした呼吸を心がけることが大切です。

神道では「死ぬ」ことを「息去《しい》ぬ」と言い、呼吸ができなくなることとしています。そして、私たちが息の長いゆっくりとした呼吸を続けることは長寿を招くとしているのです。

私たちは心の中から湧き出た思いを言葉に乗せて、息と共に表に出します。良い言葉は発する人の寿命をのばし、人を傷つける言葉は己の寿命を短くすることがあることを知っていただきたいと思います。

神道では、担当される四神が私たちの罪穢《けが》れを吹き飛ばし、どこかへ捨て去ってくれると言います。呼吸は誰に命じられることもなく、毎日、自然になされますが、日々感謝の気持ちをこめて人を癒し励ます正しい言葉を息と共に出すことによって、自らの悩みも吹き飛ばすことができるのです。

セミナーの参加者の中に、明想中に五分間息が止まったという方がおられますが、明想が深まると「我肉体にあらず心にあらず」という心境に移行し、最終段階を迎えた時「我息にあらず」となります。

私は生まれながらに肺活量が際立っており、何万トンもの大型船の腹をくぐり、反対側に出られるほどでした。

ある日、明想を続けていて突然神の波動を受けたことがあります。これ以上のエネルギーが入ると自らが耐えられないと思われるほど、それは強いものでした。

自分自身の限界に近づき、「もう終わりか……」と思った時、「ふうーっ」と息を吐き出すことができ、そのエネルギーは内で爆発することなく、不可視の質量となってどこかへと散っていきました。

一呼吸ができた時に「吐く息は愛として全てのために」という思いとともに出したのですが、時としてこうした呼吸をさせられることもあるのです。

蓮の花開く

一回の明想で宇宙意識に到達できる方は、この世にはほぼおられないと言っていいと思います。

前世において何度も繰りかえし明想の修練を重ねた方以外には、明想は長い年月にわたり段階を踏んで深めてゆくものです。

明想を続けることで真理に触れ、意識が高まり成長してゆくことができます。

明想の深まり具合は、それぞれの方が現象によって体験しますが、同時に日常の身口意も整えてゆくことが大切です。

この両輪のバランスが必要であり、それがこの世に生きる意味と言えるのです。

明想の深まりによって覚醒に至った暁《あかつき》には、地水火風空のエネルギーを、その深まりの程度に応じて自由に操れるようになります。

それは、明想による最大の果実とも言えます。

明想により根源の世界に入ることにより、その能力は格段に向上するのです。

私は、この世において一般的に奇跡と呼ばれている現象を示すことができます。物体の消失、物体移動、時間の逆行、そして稀には台風の進路を変えることもしてきました。

これは先天的に備えていた資質もさることながら、長い明想の末のたまものでもあるのです。

究極的には、覚醒した方がそこにいるだけで場は変化します。しかし、明想によって得た能力で自在にエネルギーを操ることを目的にしてはいけません。それらの能力を興味本位に行使してはならないのです。

私たちは「現象は影」であることを知らなければなりません。肉としてのイエスを通して神を見ることが必要なように、現象の背景にある見えない本質を知り、「結果としての現象は幻である」と悟らなければならないのです。

人は明想の深まりによって様々なものを見せられ、根源の世界に浸ることで著しく能力が高まりますが、そのことを誇ったり、溺れたりしてはいけません。

内なる声に従いて

修行とは、修正する行為のことです。

全ての原因は自分が作っており、自らが描いた運命の轍《わだち》の上を歩いているだけであると知るならば、私たちの日々の身口意は自ずと正されてゆくのです。

愛する者は無限の知恵、力、そして全てを知る者。愛は無限にして完全なる意識、そして全ての創造の源です。

全ては命という愛をいかに表現するかなのです。眼前の現象は全て必然にして必要なもの。自分が蒔いた種を刈り取っているだけであり、そこには針先一点の狂いもないことを知らねばなりません。

偽我は愛の心と対峙するものであり、破壊的で否定的な言動を好みます。偽我は私たちが真我そのものになった時、消えゆく運命にあり、真我の完成に近づくほどにその抵抗を強めるものであります。

真の愛とは無所得、無条件の愛のことで、そこに一切の駆け引きはありません。あなたがそれまで嫌い、許せないと思っている相手を許し、愛することができた時、あなたは真の愛を見ることになるのです。

私たちが明想中に見せられる映像の意味は、その時には理解できなくとも、時を経てはっきりと得心できることがあります。

その映像には、根源からのもの、幽界の悪戯者たちが見せるもの、そして私たち自身が作り上げるものとありますが、そのいずれであるかもわかるものなのです。

皆さまは直感というものを軽んじているかもしれませんが、直感こそが霊感そのものと言えます。

明想が進んでから明想中に見る映像、感じとることは大切にしてください。明想の段階が進み、より研ぎ澄まされてきた場合、明想中の内なる声に従った方が良い場合があるのです。失敗を怖れることなく、自らの直感にもとづいて行動すれば、良い結果を招くことも多いのです。

明想と集中

私たちは意識を少し変えるだけで、どれだけ荒い波動が周りに飛びかっていたとしても、その中から自らに必要な波動のみを引き寄せられるようになるのです。

憑依を受ける原因の一つは、憑依する側の波動に同調してしまう部分が自らの中にもあるということです。日々、本質に意識を合わせ、そこからはずれることがなければ、神の波動を引き寄せ、神の世界を眼前に見ることができるのです。

たとえあなたが周囲の騒音に妨げられそうになったり、また、異界の霊に悩まされそうになったとしても、心揺らぐことなく明想に集中することはできます。

自らの中に引き寄せる原因となる小さな「種」があったとしても、愛が勝っているならば、自分という媒体を通った時に全ては友に変わるのです。気功は相手の力を用いてその力をかわす方法ですが、明想に集中するためにもそうした方法は有効なのです。

全てのモノは、色、形、香りという波動を持っています。

全ては命のあらわれであり、目の前に一輪の美しい花があった時、その花の躍動する心は鮮やかな花弁の色彩や形となり、またかぐわしい芳香となって、見る人に伝わりゆくのです。

明想の境地が深まり、集中が極限まで達した時、「対象の意識との一体化」が可能となります。

花と自らの呼吸が一つになった時、花の命の化身が波動となって自らに降り注いできます。そしてその時、花の意識そのものと自らが一体化したと言えるのです。

同様に、意識が一本のローソクと一体化した時には、その炎を自在にコントロールすることができるようになります。私はかつて暗い部屋の中で毎日のようにそれを試したことがあり、実際、思うようにローソクの長さも炎の方向も変えることができるようになりました。

私が意識を変えただけで、相手の持つ思いが一瞬のうちに理解できるのは、明想に集中してきた成果の一つと言えます。

聖なる力

人は良い波動の中で行なう明想により何らかの「気づき」を得、日々の生活の中でその思いが現実化するのが容易になるのを感じるものです。また中には覚醒し、「悟る」方も出てきます。

過去生の段階ですでにある境地に達し、何らかの能力を獲得している方も少数ですがおられます。

幸い私の場合も何度か前の過去生において覚醒に至っており、今世においても小さなころから様々な能力を周囲に示し、不可視のエネルギーも使うことができました。

超能力と言われるものの中には「異なる次元を見る」「遠くを見る」「過去生を見る」というものがありますが、これらはいずれも時空を超えた能力です。また、モノや人に作用する能力もあります。

私たちは日々の生活の中において自らの身口意を正していかなければなりません。

能力者も例外ではなく、獲得した能力を欲の目的で使うことにより、極端な場合には身につけた能力を失ってしまうことだけではすまない場合もあるのです。

私はこれまで長い間、国内外を問わず多くの人々にヒーリングを続けてきましたが、人の幸せを願い、癒すこと以上に難しいのが、人を導くことだということを痛感しております。

私は相談者を目の前にした時、その方の何が最も問題になっているかを判断するため、意識を変えてその方の過去や過去生を見ることがありますが、それらの情報を総合的に判断した時、目前の癒しが御本人の魂が成長し、磨かれてゆく学びにつながらないこともあるのです。

その判断内容の解説を御本人に全て告げることはほとんどありません。御本人が気づくのを待ったり導いていくことの方が圧倒的に多いものです。

どのようにして御本人を導いていくかは、私の永遠の学びと言えるかもしれません。

明想の真の目的

私たちの両耳、そして額と後頭部を結んだ十字の中心が人体の設計図のアジナチャクラですが、そこに意識を集めて行なう明想を続けることによって「根源を見た」「根源の世界に浸ることができた」と言う方がおられます。

私たちは、その方の日頃の「身口意」を見れば、その方が言ったことが真実か、錯覚か、それとも想像からくるものなのかがわかるのではないでしょうか。

明想の真の目的は日常の一挙手一投足が真の愛の表現で満たされることです。明想により様々な能力を得ることが目的ではなく、己とは何かを知り、己の身口意を正し、磨くことによって自らが清まり、清められた光で周囲を照らし続けることが真の目的なのです。

私はある時に、人類の象徴として多くのピエロが踊っている様子を明想の中で見せられたことがあります。無数のピエロが偽我を体現して踊っている中で、ただ一人だけ「神を我」として踊っている者がいたのです。

また、夥しい数の蛇が、恨み、怒り、嫉妬の象徴として、地上を這いずりまわりながら蠢いている映像も見せられました。その中でただ一羽の不死鳥が現象世界から飛び立っていく様を見せられたのです。

現象という縁に触れた時、自らが慈悲と愛に満たされているならば、その者からは慈悲と愛しか出てきません。内に潜むもののみが現象に触れて反応するのです。

愛との融合、慈悲との融合、真理との融合、そして自らが愛の言葉を用い、愛の表現を行なうことが明想の真の目的なのです。

そこにただの一点でも分離感というものが入っているとすれば、その者の行なう明想には価値がないと言えます。

あなたに正しい明想ができているならば、その明想を繰りかえすほどに愛というものは純化し、より深まってゆくのです。我真理なり。真理なるがゆえに無限の知恵、力、愛と融合することができることを知っていただきたいと思います。

第5章　良き杖として

私が長きにわたって光話でお話してきた内容は主に人の「心」の問題で、皆さま御自身による気づきによってその心を変えることが身口意を変えることになり、良き結果を招くと説いてきました。

しかし、心を整え、精進を重ね、根源の世界に達してさらに多くの能力を開花させることのできる方は、ほんの一握りであるのも事実です。

多くの方が日々の生活の中で苦闘されている中で、少しでも静心の中にあって根源の世界に近づくために、身近な知恵をお伝えしたく、この章を設けました。

「狭き門より入れ」という諺《ことわざ》がありますが、誰もが安易に入ることができる広き門は誘惑も多く、自ら堕しやすいとも言えます。時間の流れがはやくなり、そうした中では世の常識が幸せに導いてくれるとは限らないのです。

時代は所有から分かち合いへ、共感の共有へと価値基準を変えながら進み、その中で皆さまが悟り、覚醒に至るための世を渡るより良き杖が必要になっているのではないでしょうか。

この世の仕事

私はセミナーの際に、「職業を選択する際に気をつけなければならないことはありますか」という質問を受けることがあります。

私たちは限りない輪廻転生の中において、それぞれの持っている才能をより輝かせるため、多くの経験から学んでいく存在です。多くの経験を重ねることにより、多くの方々の気持ちが理解できるようになるのです。

どのような時代であっても、その方が選択する職業によって御本人や周囲の方々が幸せになることが望まれますが、御本人の思いに沿った職業に就けるとは限らないのがこの世というものです。

人はそれぞれの場所で学び続ける存在であり、学ぶ時期が終わり次の場所を求めるのも学びと言えます。

難関な試験に合格して高い学歴を得、さらに高い地位を獲得して人々を指導する立場になった方ほど謙虚でなければなりません。

何故ならばその幸運は御本人の努力のみならず、周囲の方々や目に見えない方々の助けがあったからであり、たえず感謝の気持ちを持ち続けることで幸運を逃がさない人となれるのです。

どのような職業に就いても、人はその中で努力しなければならず、人を欺いて利益を得ようとしてはいけません。利益は人の感謝の気持ちが集まり積み重なったものであるべきで、それを超えたものを一時得たとしても身につくことはなく、いつか我が身から離れ去ってしまうものです。

職業の中でも特に注意していただきたいのは、生き物を殺したり投機や賭け事に関した仕事です。この世の中で生きていく上ではやむをえない場合であっても、これらの職業は動物や人の「念」が強くはたらくことがあり、稀にではありますがその圧力に耐えられず、何らかの影響を受けてしまう方も出てくる場合があるのです。

あなたが何ものにも影響を受けない身であると確信できる以外は心にとめておいていただきたいと思います。

お金の魅力と魔力

お金というものに対する罪悪感や、トラウマをなくすべきということはよく言われます。確かに、汗水を流し、正しい方法でお金を手にするにこしたことはありません。

実在の顕現を妨げるものを見抜ける目をあなたが持っているならば問題はありませんが、なかなか難しいものです。やがてお金というものに対する罪悪感は薄れ、お金は愛や感謝、喜びのあかしとなり、所有の感覚もなくなっていきます。心が通じていれば必要以上の蓄えも望まなくなりますが、今はまだその時期に至っていません。

一般的に宝石などには以前の所有者の思いが蓄積しやすく、程度の差こそあれ紙幣も同じです。それを感じる方は、寸志などをいただいた後に席をはずし、独自の方法で清めてからバックに入れたりします。

あなたの今の金運は原因の結果として手にしていますが、「利益」というものには様々な思いが伴っています。感謝の集まった利益ならば問題はありませんが、それとは異なるものもあるのではないでしょうか。

「山高ければ谷深し」という通り、人と共に企業も急成長後に反動を迎える場合もあり、一つの事業を継続していくためには、努力と共に謙虚さや感謝という姿勢も大切なのです。お金はあの世まで持っていけるものではなく、人は年齢と共に体力も衰えていき、金銭に対する執着心も通常であれば次第に少なくなっていくものです。

一定以上、金銭的に余裕のある方は、その財を残すべきか使うべきか迷うことがあるのではないでしょうか。縁のある子孫のためにと思う一方で、世界一周旅行でも行こうかと心が揺れ動くこともあると思います。

金銭への執着から解放されることはいつの世でも稀で、節約と消費の調和を心がけることが大切です。親切なことで知られる日本人ですが、慈善事業や寄付に対する考え方が定着しているとは言えません。宇宙の仕組みに触れることで、それらをより自然に行なっていけるようになると思います。

お金のエネルギー

キャッシュレス化が急速に進んでいるとはいえ、依然、貨幣がお金の中心になっています。石や貝殻などを用いていた大昔から、お金は価値の代用として暗号の要素を含んでいたのです。

私たちは、お金というものに過度に執着すると苦しみ、時には災いを招きます。お金はこの世で生活していく上で必要なものであると共に、多くの方にとっては迷いの種でもあることは確かです。大切にしながら執着しないという難しい対応が求められます。

この世での成功を収め、さらにそれを継続させている方は、お金の持っているエネルギーの特質を本能的に、または学習によって熟知するに至っているのではないでしょうか。与え、そして受けとるという絶妙な仕組みを直観的に理解しているように思われます。

お金はモノの代わりになると共に、独自のエネルギーを持っています。あなたが心から豊かさを実感できていれば思い煩うことなく、お金はその心の引力に応じてどこからともなく自然に集まってきます。

豊かさはお金だけとは限らず、今生きていることそのものが豊かさであることを知らねばなりません。隣人を助けたり、無償の奉仕を続けていくと、そのエネルギーは時を経てお金そのものや、あなた自身の成功につながる人脈というエネルギーに変わって還ってくるのです。

人の成功を讃えると、やがて自分も称賛される存在となれます。相手を肯定することは自分の中にある可能性を認めることであり、自らが幸せをつかみたければ、人でも多くの人を幸せにすることが近道になるのです。

人をことさら羨むのは現在の自分を否定することであり、否定された自分に幸せがやってくることはありません。

手にしたお金を気持ち良く旅立たせる方法は、寄付、食事に招く、神社へのお賽銭と様々あり、金額の「壁」こそがその人のその時点での器量と言えるのです。

心の宝箱

乞う以上の分け前を与えられた物乞いは、誰一人としておりません。私たちが与え主になってこそ、無限の泉が湧き、無限の宝庫が開くのです。

道ばたで古い木箱の上に腰かけて、通りすがりの人に帽子を差し出して物乞いをする者がおりました。ある時、一人の男が通ったのでいつものように帽子を差し出したところ、「あなたに与えるものは何もない」と言われました。そして、「あなたが座っているその木箱は？」と続けました。

「何十年にもわたってこの上に座って物乞いをしています」と返答すると、「それでは箱を開けて中を覗いたことはあるのか？」と聞きました。

「まだ開けたことは一度もありません」と答えると、「だまされたと思って蓋を開けて中を見なさい」と言うので、物乞いが中を覗いてみると、黄金に輝く宝物がぎっしりと詰まっていたそうです。黄金の宝の上に座っていながら、人にモノを乞うていたのです。

あなたの中には無限の知恵、力、愛があるのです。それを眠らせたままにしているのではないでしょうか。人は無限の知恵、力そして愛の持ち主であるにもかかわらず、「愛をください。もっと愛を」と乞い願っているのではないでしょうか。

無限の愛という泉は、与えて与えて与え尽くすことで開いてゆきます。必要な時に必要なものがいつでも引き出すことができる愛という宝箱を、あなたは持っているのです。

欲する者は与えられることなく、与える者はより与えられます。大切な宝箱は私たちの心の中や家の中にあるのではないでしょうか。そしてあなたの親しい友が、箱を開く鍵を持っているかもしれないのです。

天のはからいは微妙なところにはたらいていることがありますが、それに耳を傾けてください。

あなたの心の中から欲というものがなくなった時、その宝箱は自ずと開き、黄金の輝きを放つのです。

陰と陽

陰と陽、互いの存在によってこの世が成り立っているという考えは中国発祥のもので、後に易経として進化を遂げ、アジア圏を中心に広まりました。

しかし、陰陽の真の意味は、「物質と非物質」「肉体と命」という対立する要素全てを指しています。

四六時中、結果しか見えず、思えない人間を「物質人間」と言います。物質は陰の象徴で、人が陰に片寄った時、様々な不調が自分の中に起こるのです。

物質はいつか朽ちはててゆくものです。否定的な言葉を拾い続けるのは陰であり、怒りや恨みも陰です。これら様々な陰が、愛の思い、愛の言葉という陽を凌《しの》ぎ、バランスを失った時、苦悩や肉体的不調を訴えることになるのです。現在、地球上のほとんどの方は、「我肉体なり、物質なり」と陰に偏ってしまっており、こうした考えが地球の波動の乱れを引きおこし、大小の天変地異を招く原因となっています。

神我一体とは、生かされている肉体と生かしている命が一体となることです。右は陽の象徴、左は陰の象徴で、現在はほとんどの方が霊的な陽よりも肉体、物質の陰に偏っており、こうしている間にも陰が膨張を続けています。

地球は神の愛を受けた表現体であり、万物の霊長たる人間によってしか修正も変革もできないことを知っていただきたいと思います。

お金は物質であり、また物質の代価となりますが、お金が手元に入った時は、「神の御心によってこのように手元にお金が準備されました。心から感謝いたします」と心でお礼をし、それから次の思いをはたらかせることです。

神の法則には私たちが全く想像もできないような微妙な力がはたらいており、お金という陰の存在に心という陽を加えることでバランスが修正され、お金がより一層生かされてゆくのです。

家を選ぶ

方位学、家相は中国発祥のものです。両者は流派が多く、ある流派では吉方でも他の流派ではそうではないと双方同時にいう場合もあります。

鬼門の考えも、中国では冬に東北から強い風が吹くということが元になっており、現代では特に神経質になることはないと考えます。

易占はそれに頼る限り影響を受け、それなりの効果があらわれるものです。しかし、私たちはむしろ、陽あたり、生活動線、家の周囲の環境という科学的観点から家を選ぶべきではないでしょうか。

風水は大地の気を見る学問です。大地のエネルギーが集まっているところを「穴《けつ》」と言い、人体におけるエネルギーの結節点であるツボやチャクラに近いと言えます。大地の気にも、穏やかな気、前向きにさせる気と様々あり、その時のあなたに合った場所に行くことが運を開くことにつながります。

何よりも、私たち自身が地球という場を借りて学んでいることを忘れないでいただきたいと思います。土地への礼を尽くす気持ちは自らにもかえります。

良い土地や家は、あなたが積み上げてきた徳と心が引き寄せるものです。この世に偶然というものはありません。住む家も例外ではなく、自ら望んでいるにもかかわらず、どうしても縁ができない場合がある一方で、不可視の縁である土地に住むことになる場合もあります。不思議な縁が、現象としてあらわれるのです。

縁が生じ、実際に良い土地や家に住むことになっても、運をつかんでゆく人とつかめない人がいるのは、油断することなく驕ることなく、さらに徳を積み重ねているかによるもので、その土地に礼を尽くし、不可視のものに耳を傾け、共存共栄をはかろうとするあなたの心に、その場が力を与えるのです。

現象という結果に全てがあらわれるものであり、徳を積み上げてゆく不断の努力こそ大切です。

掃除力

自らの心のあらわれが肉体、そして住む部屋、家です。身の周りにあるものの波動に影響されないあなたであれば問題ありませんが、ほとんどの方は影響されます。

あなたの心が乱れている時、そして周囲の人間関係が不調和な時は、家の中の状態も影響を受け、心に相応して乱れているものです。

一家の思い入れのあるものなど一部の例外を除いて、古くなり使っていないものは悪い気を招きやすいといえます。波動の高まりとともに、隅にあるほんの小さな汚れさえもが光に照らされて目につくようになります。その隅や隠れたところこそ、きれいにしなければならないのです。

家の中にあるものを時々見まわしてみてください。長く使っていないものは意識の中では活用が難しいものとして認識されているのです。

ものを手離すには、決断するエネルギーがいります。また、全一体と考えると、存在するものは全て意義があり大切なものに違いありませんが、同時に、この世のものは全て創造、維持、破壊というサイクルの中で流動する存在なのです。神経質になりすぎることはありませんが、時々、あなたの身の周りのものを見直してみる時間を作ってみてはいかがでしょうか。

日本の伝統美のエッセンスの一つは、捨象《しゃしょう》された後の簡素さと言ってもいいと思います。その簡素なたたずまいの中に、長い歴史に培われた哲学が隠されているのです。ゴシック建築が持つ、加えていくことによって作られる美しさとは逆の美しさがそこにはあるように思えます。

気候風土の影響もあって、長い歴史の中で日本では木造建築が主体でした。穢れを嫌う姿勢は、二十年ごとに行なわれる伊勢神宮の式年遷宮《しきねんせんぐう》に凝縮されています。

晩秋に落ち葉を掃く神社境内の風景、そして長い廊下を僧が拭き清める風景は、私たちに大切なことを語りかけてくれているのではないでしょうか。

神秘の太陽

日本民族の太陽に対する畏敬の念は日の丸の国旗にもあらわれていますが、その気持ちは太古から強くあったものでした。

さらに、その神秘性も含め、太陽が持っている可視不可視の力に対する畏敬の念は、民族を超えてあるのではないでしょうか。

朝の昇る太陽を拝む心には、地球上の植物や動物など全てのものを生かしている存在に対する素直な感謝の気持ちと共に、何かしら次元を超えたエネルギーを感じる土壌があったからだと思います。

数百万年前、人類は繁殖期に入り、人口の急激な増加がはじまり、脳の容積も数十万年という年月をかけておよそ倍になりました。それと共に人体の細胞間のネットワーク化は進んでゆくのですが、それゆえガン化のリスクも増大していったのです。

そのガン化に対する守りの一つが、体内で発生する活性酸素を無害化するメラトニンにあったのです。

メラトニンは第六チャクラであるアジナチャクラの奥にある神秘の器官・松果体で分泌され、生成されるには三〇〇〇ルクス以上の光が必要とされています。睡眠中に分泌され、人の発育成長にも関係し、強力な抗酸化作用を持っている、人体にとって極めて重要なホルモンです。

メラトニンはセロトニンを成分として作られますが、セロトニンは眠り、幸せな感情、そして朝の光によって分泌が促進されることがわかっています。生成にはメラトニンと共に太陽光が関係しています。

一定の時間、太陽の光を浴びることが人体にとって良いことは科学的にも証明されています。

朝の光を浴び、日中も適度な時間の散歩をして生活リズムを作り幸せな眠りに入ることで、あなたの身体は肉体、霊体共に癒されてゆき、さらなる幸運を手に入れることができるのです。

易占を超えて

平安時代の貴族は、悪いとされる方角に旅する時、一度、吉方位とされる方角に立ち寄り、一定時間そこの気を浴びてから本来の目的地に向かうという「方違《かたたが》え」を行なっていたと言います。それは日常習慣として定着していました。

中国発祥の易占や方位学、西洋発祥のタロットカード、星占い、そして九星術などの多くの占いは、人がこの世でより良く生きるために、長い間知恵を絞り、より精度を高めていったもので、国を越えて広く受け入れられています。

これらの占いは、私たちが肉体を我として生きている時、すなわち人間意識がその中心を占めている限り、それぞれに作用し、相応の効果が出てくるものです。

しかし、私たちが根源の世界に近づき、肉体意識を超越しているならば、その法則からはずれることになり、易占などは当たらなくなるものです。

無限の住人と易占にとらわれている人々では、「位相」が違っていると言えます。

私たちが海外のセミナーに行く時、税関やチェック時のビデオカメラに私の姿が映らないという、物理的には考えられないこともたまに見られるのです。

聖人と呼ばれる方々や高い存在の方々の中には、その存在を人々に知らせるために、あえてその姿を一部の人々に見えるように波動を変えて表現する場合があります。

それは、多くの方が一般的に知覚できる世界とは別の法則がはたらいている世界があることを気づかせるためでもあるのです。

皆さまの意識の位相が高くなった分だけ、その日に行く方角を気にかけることのない存在、すなわち、易占の影響を受けることのない存在に近づけることを知っていただきたいと思います。

易占に限らず、この世では意識が特定のことに縛られている限り、私たちはその影響下に入ってしまうのです。

夢

あなたが昨夜見た夢は、心地よいものだったでしょうか。眠っている時に見る夢の解釈は、東洋と西洋で違いがあります。また、夢は決して単一のことを意味しているわけではなく、啓示の他に人に対する警告だったり、気づきを与える意味を持っています。

過去に起こったものごとに対するトラウマを夢によって解消する場合、また未来に起こるかもしれない事故などを夢で浄化して防いでいる場合、そして岐路に立つあなたへの啓示であるかもしれません。

そして、フロイトやユングの主張していた、人の深層心理に潜んでいた抑圧されたもののあらわれというのも、夢によっては正しいと言えるのです。

ある方は、それまでなかったような苦労が続いた後、友人が出演する舞台を応援するために花束を買いに行った雨上がりの夕方、坂の上から都会の空にかかる大きな二重の虹を見たと言います。

その時、彼は人生ではじめて心の底から湧き上がるような良い予兆を感じたそうです。

同じ日にその二重の虹を見た人は多くいたと思いますが、彼は「自分の未来を祝福してくれた」と感じたそうで、実際にその後、事業で成功を収めたのでした。

虹に限らず雲の形なども私たちに多くのことを語りかけてくれます。ただ、それに気づくかどうかです。現象は原因の結果としてあらわれ、そこには過去も未来も含まれているのです。

夢に何度も同じ風景や人が出てくるなど、その方独特のパターンがみられます。故人や尊敬している方が夢にあらわれた時には、その方々との会話の内容も大切になりますので、意識して記憶しておくと良いと思います。現実にはない風景を繰りかえし見る場合、そこはあなたの魂の故郷かもしれないのです。

印象的な夢を見た時には、その後、現実生活で何が起きたかを記録すると、役立つこともあります。

場の力

パワースポットは天の気、地の気が高いところです。気と共に今後は波動や磁場という用語もより研究されていき、厳密な定義がなされていくと思います。

最近では神社、仏閣をはじめパワースポットと言われる場所を巡礼者のように回る方も増えています。ゼロ磁場として有名な分杭峠《ぶんくいとうげ》も変わらぬ人気を保っています。龍脈に精通した風水師がすすめる場所も各地にあります。そして、温泉が湧き出るところも地球のエネルギーとつながっています。

生命場は波動である気のエネルギーが蓄積されているところですが、私たちの深層心理も、心が浮き立ったり穏やかな気分になれる場所を望んでいるのです。

一般的には良いと言われるところも、実際には全てが良い場所とは限りません。多くの方が行くことで場が乱れてしまう例や、神社の中でも幾つかの原因で御神体とつながりにくくなっている例もあるのです。

脳には不思議な特徴があり、たとえば一か月間、部屋の壁に自分が理想とする人のポスターを貼ると、二次元の像の影響を受けて御本人もその姿に近づいてくるという現象があらわれますが、これは「繰りかえし」の力と言えます。

三次元のモデルが、二次元の絵に投影されるからです。

私たちは、自身の中にある神を心から求めた時、自身の本質を見ることができるものです。求めたものが自らの中に投影されるのです。

与えられる存在であると共に、何かを与えることができる存在になっているかと、自問してみてください。人はそこにいるだけで癒される存在でなければなりません。

神は私たちが共に手を携え助け合って生きることを望んでいます。磁場などの力によって自らの力が満ちてきた時、そのエネルギーが周囲に還元されることを望んでいるのです。

磁場を慈場として、心から人々に手を差しのべられる存在になっていただきたいと思います。

神社・仏閣との接し方

私たちが神社・仏閣に参拝する時の心構えについて述べたいと思います。

日本国内にある神社・仏閣は、本来は光である本質へとつながる神聖な場所です。特に神社はそれぞれの土地の中で力が集まりやすい場所に建てられており、多くの専門家の方々の知恵を結集した産物と言えます。

ルルド、ファティマなどの聖地と呼ばれているところも、何らかの奇跡的現象が起こったことで、その土地を敬う人々の気持ちが聖堂を建てるなどの具体的行為となって示されたものです。

しかし、神社・仏閣、そして聖地の中には様々な事情から光である本質とつながりにくくなっているところがあるのも事実です。

神社などに参拝する際に、十円硬貨を賽銭箱に投げ入れ、「宝くじで一億円が当たりますように」と願いごとをするのは、誰が考えても虫が良いと言えるのではないでしょうか。

本来、神聖であるべきところが、人間の欲によって波動を乱され、汚されていることなどが、祀られている光の存在とつながりにくい原因となっています。

波動が乱れたところには、そこに集う者たちをもてあそぶ不可視の存在しか寄りつきません。

「神は我が内にあり」と過ごすことが大切で、神仏の前では「日々、お守りくださることに感謝申し上げます。私も精進に励みますので、意に添いましたならばお力添えを…」という姿勢が望ましいのではないでしょうか。

私が沖縄をはじめ、波動の高い土地を人々にお伝えしないのは、一つは公言することで、修行中の方、物見遊山の気分の方はじめ大勢の方々が集まってしまい、その方々の波動によ る「場の乱れ」を避けるためです。そうした場では良いものも悪いものもよりはっきりとあらわれ、感情の不安定な方が行くと自身のコントロールが難しくなるなどの危険があるからなのです。

神道Ⅰ

日本の古神道では、必要な機会に応じて祀りの場を設けたり、磐座《いわくら》という岩を依り代として神を降臨させるという形をとっており、次第に磐座があった場所などに神殿を設け、神社の形を作ってきました。

日本神道の基本は先祖崇拝であり、天皇家をはじめとした皇族、さらには菅原道真公のような鎮魂の対象となる人物、歴史に名を残した偉人などの先祖を、神社という聖域の中の祭殿で祀ることが中心となっております。

御神体は自然霊といわれているエネルギー体も一部にはありますが、遠い御先祖である場合がほとんどです。

私たちの身近な神社といえば産土神《うぶすながみ》と氏神《うじがみ》があります。産土神はその人が生まれた場所の神様で、これは生涯変わることがありません。氏神様はその土地に住む人を守る存在です。

私たちの両親やそれぞれの家系は最も近い先祖であり、神道はこの延長上にあると言っても過言ではありません。生まれた土地、住む土地の神、そして自らの命を与えてくれた両親の家系に敬意を払うという日本の宗教的伝統は、理にかなっていると言えるのではないでしょうか。

神社で祀られている御神体は、稀に本来の御神体とは違うことがあります。本来の高い霊格の御神体が低位の霊格の対象に入れ替わっているという意味ではなく、征服神に代わっているという意味でもなく、本来の御神体がさらに高い段階に移った場合に、同格の神に変わることなどがあるのです。

これは神道の世界の秘密事項とも言え、神職に携わる方の中にはそのことを御存知の方もおられますが、あえて公言することはありません。

日本に数多くある神社の中で、かなり格の高い神社にもそうした例があることを心にとめておいていただきたいと思います。

神道Ⅱ

神道の中で神に奉る祝詞《のりと》として「大祓詞《おおはらえのことば》」というものがあり、長い間、次のように伝わってきております。

「神の前に広がる世界がその御心の反映であるように、現象として起こるものは全て私たちの心の映しであり、不満、嫉妬、恨みなどは全て自我が作り出したものです。私たちは現実全てに感謝して生き、様々な心の壁を捨て去り、神の御心と自らの心を一つとして清らかな心に帰り、神の御心をこの世に実現しなければなりません。そうしてこそ喜びに満ちた世界が開け、私たちの願いも聞き届けられるのです。

神は祈る対象であると共に私たち自身の中にも存在しており、神性そのものである私たちの本質を罪、穢れから守るのが『祓えの詞』です。

祖神の御心に自らの心を重ね、心の中から湧き出る悩み苦しみを断ち切り、自らの心を磨き続けていくことこそが大切です。

私たちが日々の生活の中で神の守護を受けるには、現実に感謝し、人を差別することなく自他一体と考え、欲や嫉妬、恨みといった異心《ことごころ》を捨て去ってこそ可能になります。

高天原は神々のおられる世界であると共に私たちが生きている現実世界も同様とし、祖神と私たちの中にある本質は一つにつながっているのです。

宇宙の中で『生かされている』自分を意識し、日々、自らの身口意に留意し、また省みることが神の御心に添うことであり、罪穢れを祓う方法です」

神道の基本的部分は、私たちの心のあり方とその向け方の本質に触れていることが多く、一連の内容は私が長い間、皆さまに説いてきたことと重なる部分が多いのです。高みに至る道は決して一つとは限りません。

龍神Ⅰ

龍神はエネルギー体であり「力」の象徴です。

龍神に関しては、これまでに多くの方々によって様々な解釈がなされています。私たち人間との関係では、龍神が味方した人は「昇龍」のように運勢が急激に良くなると言われています。

そうした中で、比較的多く語られているのは次のことではないかと思います。

「龍神は神の眷属《けんぞく》」「龍神が神上がりすると鳳凰になる」「異なる時空に存在し、時を操る」「水に関係する場所を好む」「龍神は神を乗せる」「その存在を虹、風、雨で知らせる」「地球の調和を司る」などです。

龍神を招くには御本人が積極的な体質であることが望まれ、徳を積むことが大切と言われます。龍神は人の成長を祝福しますが、神も龍神も、決して私たちが使う存在ではないということを、意識の中で持っていただきたいのです。

「下り龍、上り龍」の真の意味は、人がこの世に生まれ、そして去ってゆく時のエネルギーのことです。満ち潮に乗って人はこの世に来ますが、生まれてくる時のエネルギーが下り龍、あの世に還ってゆく時の引き潮のエネルギーが上り龍なのです。

「龍神が神上がりすると鳳凰になる」と言われておりますのは、力の象徴である龍神が悟りを得、黄金の翼を広げて天に昇ってゆく姿の象徴なのです。

「神を乗せるのが龍神」と言われており、その姿は魅力的ですが、龍神は決して乗りものではありません。神を乗せた龍神の表現は想像すると楽しいものですが、神であれば次元を超えて御自身で移動することができるのです。

エネルギー体としての龍神は、地水火風空にも関係しておりますが、これまで多くの方々によってなされてきた解釈の中には、誤解を招くものも含まれていることを知っていただきたいと思います。

龍神Ⅱ

龍神は先に述べました通り、起源の古いエネルギー体であり、私たちが住む現界と、異なる時空との双方に関わっています。時間の流れがはやくなり、波動の上昇が進んでいる昨今の状況にあるがゆえに、注目されている存在と言えます。

龍神はエネルギー体そのものであり、雲として流れ、川を下り、風に乗り、人の成長を促し、より大きな規模での調和をも司っているのです。

自らが関係している人間の成長がエネルギー体としての龍神の励みになり、私たちの姿勢が前向きで躍動感溢れたものであり続けることが、力の象徴である龍神自身の力を増すという相乗効果を生みます。

「時流に乗る」という言葉にある通り、また潮の満ち干に見られる通り、私たちの願いや感動というものは、人と人を結ぶ時を調整されることにより、かなえられることもあるのです。人こそが運をもたらす存在と言えます。

私たちの願いが龍神、そして神と共にあり、その力添えをいただくためには、淡々と日々の身口意を整え、徳を積み上げてゆくことです。

心身共に健康で大きな志を持った私たちの姿勢に対し、龍神が招かれ応援するのです。

全てに対し積極的で前向きに人生を歩むことが、運を呼ぶということを知っていただきたいと思います。

「龍宮と琉球」は語感が似ているだけでなく、関係性を持っています。

龍宮は浦島伝説にあるような想像上の世界だけではなく、悟りの世界、根源世界の象徴であり、海の底のように深い無限の象徴です。

エネルギー体としての龍神、そして地水火風空と龍神に関しての詳細は別の機会に詳しくお話することもあるかと思いますが、日々心を磨き、自他一体の愛を貫こうという高い志に対して龍神が招かれるということを、忘れないでいただきたいのです。

石の啓示

かつて沖縄で、後に高速道路ができる場所にあった巨大な岩が私に語りかけたように、鉱物が意思を持って私たちにその思いを伝えてくれることがあります。鉱物の中には、その大きさにかかわらず、それを持つ人の身代わりになってくれる石さえあるのです。

水晶は人の想念を増幅する作用と共に、悪いエネルギーを浄化するはたらきも持っています。換言すれば、悪いエネルギーも集めやすいのです。良い感情が蓄積されたものであれば問題はありませんが、逆の感情が蓄積されたものもあることを知らなければなりません。

私たちの周りには日々電磁波が飛びまわっており、過剰に浴びると通常の精神のはたらきを不安定にさせる要素を含んでいます。

また特に意識しなくとも、好ましくないエネルギーを体内に吸い込んでしまうことがあります。雑踏や電車といった人ごみの中では、不特定の方々の邪気を受けやすいものです。

人と接する機会の多い方や知名度の高い方、片寄った思い癖を続けている力は特に影響を受けやすい条件下にあり、健康な方でも精神的に落ち込んだ時には注意すべきだと思います。また体質的に敏感な方は、生来、人の悲しみや怒りといった感情を受けやすいといえます。

不可視のエネルギーに囲まれて生きている私たちが、自分の波動と合う癒しの石と出会えたならば、金銭でははかることのできない心のやすらぎと幸せをもたらしてくれるものです。

石は私たちの心に反応するもので、日々語りかけ愛し続ければ、その思いを返し、時にはあなたの危機を救ってくれたりもします。

あなたと波動の合う石は、悪いエネルギーが入ってくるのを防いだり、石の中に吸収してくれることがあり、私たちが本来持っている治癒力を保つのを助け、または蘇らせたりし、この世を進みゆく私たちの支えの一つにもなるのです。

音の癒し

人はおよそ二〇ヘルツから二万ヘルツ前後までの音を可聴域として聞きとることができ、低周波は腹部に、高周波は各細胞にそれぞれはたらきかけ、チャクラも周波数に関連し、身体全体の機能にも影響を与えます。

胎児が聞く羊水の音は波の音に似て、聞く人をやすらぎと眠りに誘います。

調和こそ万物を創造し、宇宙を構成する鍵です。古代の賢人は音こそ調和の表徴《ひょうちょう》とし、各惑星の音までも聞きわけていました。

弦は張りすぎても緩みすぎても良い音は出ず、中庸こそが良い音を奏でるのです。

宇宙と人とは相似形。音こそ天地と我が身とが共鳴する奇跡の産物、全てのものを癒す宝物です。

私たちのセミナーでも、明想への導入として音を用いております。良い音は収縮と拡張、促進と抑制を調整し、交換神経と副交感神経のバランスを揺らぎによってとることで自律神経を調えていきます。

ピラミッドエネルギーがそうであるように、収縮と拡張、促進と抑制こそが宇宙の仕組みの基本です。

年齢、性別などの特性や生活環境により、癒されると感じる音はそれぞれ異なるものです。一日の中でも天候の変化によって変わり、四季の移ろいの中で好みも変わるのです。クラシック、中でもモーツァルトの楽曲を推奨する方は多いものの、自らの生まれ故郷の民謡にやすらぎを覚える方、カンツォーネやオペラ、ゴスペルやロックを好む方と様々です。

また、青春時代の特定の時期に聞いた音楽に、特別な思い入れがある人もおられます。

恋する人に会う前と苦手と思う人に会う前では高揚感が異なるように、今、あなたが心から求める音が、今のあなたに最も相応しい音と言えるのではないでしょうか。

オーラ

オーラの色については多くの方が語っておられますが、その色は変わるものであるとも変わらないものであるとも言えるのです。

オーラはそれぞれの方が持っている霊的特質をあらわす色であり、グラデーションや濃淡も含めた特質は永遠に変わることはありません。魂が生まれた時からその基本形は変わらないのです。

一般的に赤は活力や情熱、青は冷静沈着、白は純粋無垢、紫は神秘性、緑は調和をあらわすと言われています。虹が吉兆と言われるのも、七色という多色が心をやすらぎに導くことに関係しているのです。心を安定させるには、自分のオーラに足りない色を見て補うと良いでしょう。

人のオーラは一色のみで構成されていることは少なく、何色かが混じりあい微妙なグラデーションを作っていることが多いものです。

一方でオーラは、日々の感情のはたらきや肉体的な疲労度によってその大きさや濃淡が若干変化します。喜怒哀楽や体調により変化することは確かで、特に著しい恐怖を感じた時などは、大きさや濃淡などが一時的にかなり変化することがあります。

しかし、それも感情や健康状態が安定することにより、ほどなくして本来の「基本形」に戻ってゆくのです。

人の意識にはそれぞれ個人差があります。

しかし、どのような意識であっても全体の一部、無限の一部です。オーラも同様に、どのような色の組み合わせや濃淡で構成されていても全体の一部であり、色による上下の意識に過度にとらわれることのないようにしていただきたいものです。

戦争も平和も地球という限定された空間の中で行なわれているように、全ては一つの中での彩りなのです。

塩

日本では、神棚には水や米、酒と共に塩が供えられ、昔から神事には欠かせないものとなっています。

製法も塩田や海藻を干すなど様々な方法が試みられ、現在に至っています。塩は人体には欠かせないもので、調理用に用いられる他、一般的には浄化の素材と考えられてきました。

玄関に盛り塩をして、外からの邪気を防いでいる家もあります。特に不特定多数の方が出入りする小料理屋などの店先には、小皿に盛られた円錐形の塩が対になって置かれていることも多いのではないでしょうか。

また、気が滞っていると思われる部屋の四隅に置き、浄化を図っている方、浴槽に入れて一日の汚れを洗い流すのに用いている方もおられます。

盛り塩は玄関先にでも室内でも、一定期間以上置いたままにしておくと本来の力が衰えてしまうものです。乾燥して固くなったり、逆に湿気を吸収して溶けはじめてくる前に、新しいものに代えてその場の調整を図り続けることを心がけてください。

このように日本人には馴じみの深い塩ですが、本来は「整える」「調和する」というはたらきを持っており、空間の調整をする役割を担っているのです。

葬儀が行なわれた後に小さな包みに入ったお清めの塩をいただきますが、この習慣が定着した理由はいくつかあったようです。かつて伝染病が流行し、殺菌効果のある塩を用いたことに由来するという説もありますが、一つには故人との気持ちの整理だと思います。

葬儀をとり行なうことで故人への親愛の気持ちが強くなりすぎると、故人が光の世界に還る妨げになることもありますので、故人への思いを「調整」する意味も含んでいるのではないでしょうか。

身口意と運

身口意こそ全ての基本です。

運を築き、運を拓くには究極的に言えば身口意の一致こそが最も大切であり、近道と言えるのです。

日本人は客観的にみても優れた特質をいくつも持っていると思います。謙虚さや気配り、災害時における冷静沈着ぶりや阿吽《あうん》の呼吸の協力関係など、次々に思い浮かべることができるのではないでしょうか。

その一つが「思いやり」で、人は相手を傷つけまいとして、心に思うこととは違う言葉を発することがあります。この「思いやり」の心、さらには多少意味は異なるものの「腹芸」はプラスマイナス両面を持っていると言えます。「思いやり」は場の調和をはかるという良い面がありますが、心と相反する言葉を発し続けることを無理に続けてゆくと苦しみが積もり、やがては飽和点に達してしまい、周囲に迷惑をかけてしまうこともあるのです。

心に反した言葉を発するより、むしろ沈黙している方が良いのです。または、心に思ったことを吟味し、言葉を選びながら穏やかに相手に語りかけ諭すのが望ましいのです。

時の流れがはやくなり、光の強さも増し、波動が上がることで、以前は隠せていたものも隠せず、本質が見抜かれてしまうものです。身口意の不一致は、極端な表現をとるのが赦されるならば、「嘘」になってしまうのです。

私たちは愛の心を持って言葉を発し、行ないによって愛を示し続けてゆかなければなりません。身口意の統一には、元となる心を磨き整えてゆくことが全てです。

「怒り」は人が毒を盛られた姿です。私たちは全てを飲み込んでも飲み込まれずにいることが望まれているのではないでしょうか。

そのような境地に至るまで、私たちの目の前には何度でも似た現象があらわれるもので、真理の道を進むためにはその試練を乗り越えてゆかなければならないのです。

恨み、怒り、嫉妬など私たちの心から出るネガティブな波動は、一度発すると本来は戻せないものです。

誰かに対して「馬鹿」と言ってしまうと、それは戻すことはできず、思っただけでも戻すことはできないのです。そこで私たちに与えられているのが「反省」ですが、反応が日々早くなってきているため、今までは修正できたものでも難しくなっています。従って徹底して今の今の身口意を制御していかなければなりません。

日々、私たちは夥しい身口意を発しており、明想中においても過去のカルマが湧き出てくるものです。しかし、そこに力を与えてはならず、「我愛なり」で打ち勝たねばなりません。

思いの中で人を殺すことがありますが、それは実際に殺していることと変わらないのです。かなり以前のことになりますが、思いの強さによって実際に人が傷ついてしまう怖さを体験したことがあります。私ほど短気な者はいないと思っていたものでしたが、明想により、本質に触れ、性格が一変し、怒りが起こらなくなったのです。

「思い」が人を殺める武器を作り、争いごとを作っているのです。私たちは見るもの聞くものを受け継ぎます。常に神、命に意識を向けていなければなりません。「この肉体を通して神を顕現せよ」と祈ってください。光が強くなれば闇は自然と力を失いやがて消え失せてゆくものです。

「人柱」とは城や橋などの建造物が、完成後も長く保たれることを神に祈る目的で、生きたままの人を建造物の傍らの土中などに埋める古来の風習のことで、柱とは神の数え方でもあります。

しかし、本当の人柱とは神我一体となった人がそこに立っただけで場が清まり、人が清まる、そういう人を意味しており、私たち一人ひとりが真の人柱となり、この世を照らしてゆかなければならないのです。

編集後記①

【久高島《くだかじま》】

大型の台風が沖縄本島に近づいてくる中、上江洲先生への取材も無事終えた翌日、朝の七時半というういつになく早い時間に那覇のホテルを出発し、神の島・久高島に渡る安座真《あざま》港《こう》に向かいました。

那覇市街を出たあたりからそれまでの沖縄滞在で経験したことのない激しいスコールがはじまり、それは次第に強くなり、止む気配はみられませんでした。半ば出港を諦めかけていましたが、港に到着する直前に一転空が晴れわたり、太陽が眩しく感じられるほどでした。

久高島に到着して自転車を借り、同行二人とともにアマミキヨが降り立ったというカベール岬を目ざしました。岬の手前に自転車を止め、突端あたりで気持ちの良い空と海のコントラストに浸っていると、「ここが『生まれ変わりの穴』ですか?」という声が聞こえてきました。声の主は函館から来たという旅行者の女性でした。

私たちはそれまで「生まれ変わりの穴」の存在を知らなかったものの、「ではさっそく入らねば」と、神の使いのような彼女の後に続き、珊瑚の隆起でできた足場の悪い岩穴に入っていきました。私にはわかりませんでしたが、海側に開いた穴に出た瞬間の空気感が少し違っていたと友人たちは語っていました。

穴の開いた岩を子宮と産道に見立て、穴を下りたところで十月十日を象徴する意味で十を数え、羊水に見立てた海水に自らの手を浸して空にかざすというのが一連の正式な儀式だそうです。

本来は「生まれ変わりの儀式が必要な人、浄化が必要な人だけが入るもの」らしいのです。それを知らずに入ってしまいましたが、良かったものかどうか……。どちらかというと我先に入ってしまいましたが、それほどまでに私たちには浄化が必要だったのかと。

帰りは島の空気感を楽しみながらゆっくりと自転車を走らせました。フェリーの出発時間にも余裕で間に合い、この度も無事に久高島を訪れることができたことに感謝し、本島に戻りました。

そして、安座真港からほど近いところにある、プライベートビーチの風情を漂わせている美しい浜辺のカレー屋さんで昼食をとり、その後、丘の上にある「猿人の湯」に立ち寄って汗を流しました。

編集後記②

【首里城】

昨年十月、沖縄を訪れた際、首里城に足を運ぶことができました。その折は友人と二人だったこともあり、はじめて守礼門を通って内殿を見学することにしました。

太平洋戦争末期の沖縄戦では日本陸軍の司令部が置かれ、正殿をはじめとして地上にある建物のほとんどが砲爆撃によって破壊されてしまいました。

しかし、近年になって再建された内殿は焼失前のものを忠実に再現していました。展示品の中には戦火をくぐり抜けて焼け残った貴重な漆器などの調度品もあり、歴史の重みを感じさせてくれます。

順路に従ってしばらく廊下を歩いてゆくと、空気感が少しばかり重いものに変わってゆくのを感じはじめましたが、少し先を左折したところは琉球王の謁見の間だったのです。玉座を背景の中心にするのを控えて、同行の友人の写真を撮りましたが、後ほど確認するとその表情は心なしか変わっており、何代目かの琉球王の血筋を引く方の表情に寄ったものになっていたのです。

内殿は幾度も建て直されているとはいえ、もし再建された場所に祖霊の方々が寄ってくるとしたら、このようなことも起こりうるのかもしれません。

編集後記③

【精神世界】

精神世界・スピリチュアル――これほど曖昧な要素を含みながらも魅力的で、探究の対象として興味深い分野はそう多くはないのではないでしょうか。

私はこれまでUFOを三回ほど見たことがあります。そのうち二回は東日本大震災前後でした。一度は東京湾の上空に星が瞬くように多くの光が散在していたのを見、もう一度は福島から東京へ帰る途中の東北自動車道で、車の進行方向の上空に白く大きな光を二度放った後に消えていったのを見ました。

それらの実体が何であるかを分析・特定する能力は私にはありません。

数十年も前のことになりますが、N氏というUFOを呼べるということで有名だった方と一緒に、一度だけ若きころの秋山眞人氏と新宿でお会いしたことがあります。暖かく純粋な印象の方で、彼ならば正確に分析してくれたかもしれません。

これもかなり前のことになりますが、紫微斗数《しびとすう》をはじめ中国発祥の易占や風水の研究書を多く世に出した鮑黎明《パオリーミン》氏にお世話になったことがあり、彼の友人で蒋経国《しょうけいこく》総統の墓を選定した、台湾有数の易占家であり霊能者でもあるトーチェン氏を紹介されたことがありますが、お二人とも才能に溢れる方だったにもかかわらず早逝されてしまいました。

私はブラジルに何度か訪れていましたが、そのきっかけを作ってくれたのは超古代史や予言研究の先駆け的存在のT氏でした。

ある時、彼の縁を辿り、日本のテレビ番組に出演し予言に関する著作も出していたジュセリーノ氏の取材をするためにブラジルに行きました。サンパウロから車で北に数時間入ったリンドイアという美しい避暑地に彼の住まいがあり、インタビューしました。現地の方々に聞くと、彼がリンドイアに移住し活動をはじめた当初は予言も的中していたそうです。

私は一時期、縁があって首都ヤンゴンをはじめ、古都バガン、タウンジー、シャン州の奥地まで調査を兼ねてミャンマーを訪れていました。

仏教国ミャンマーにも生年月日と手相から分析判断する不思議な方法の占いがあり、ある時、元首の相談も受けている方のところで見ていただいたことがあります。

また、首都中心部にあるカンドゥジ湖のほとりの小さな島には、大臣クラスの方々が寄進した、彩色も美しい生きているかのような仏像が何体も置かれてあり、遠くに見える荘厳な趣のシュエダゴンパゴダとは違った不思議な雰囲気を醸し出していました。

各国にはそれぞれの風土にもとづいた霊的体系、易占の体系があり、依然として未知なる部分も多く、興味が尽きることはありません。

【「神の花園」と「神々の花園」】

日本における寺社、特に神社ネットワークは、祈りの場としての壮大な精神的インフラ資産としてとらえることができるのではないかと考えます。

上江洲先生はかつてインドの地に降り立った時、「何故、長い霊的体系を持つインドに来たのか？」と目に見えない存在から問われたそうです。世界各地にはそれぞれの霊的体系があり、上江洲先生のおっしゃられる「神」と日本神道上の「神」の概念は異なるものと考えます。

先生はこれまで、ある特定の人物を「神」と言ったことはなく、ましてや御自分を「神」と言ったこともなく、より大きな宇宙体系の中でお話されているように感じます。

また、私見として極めて大胆に申し上げるならば、先祖の方々のあの世での解脱、悟りを促し、その子孫である私たちのこの世での解脱、悟りへの道を説く仏の道と、主に遠い祖霊を神として祀る神道とは、私たちが考えている以上に近い概念を共有しているのかもしれません。仏の道も血縁という家系の血筋を強く意識しており、その延長線上には神道でいう祖霊があるのではないでしょうか。

ゴータマ・シッダールタは歴史上の人物で、後に釈迦として崇められる存在となり、その優秀な弟子である弥勒も後に菩薩として崇敬される存在となったのです。神道、仏の道をはじめとする宗教の概念はやがて時を経て一つの体系として収斂《しゅうれん》されていくのではないかと思います。

この書の製作・編集にあたり、明窓出版社長の麻生真澄様には、ひとかたならぬお世話になりました。ここに深く感謝申し上げます。

米倉　伸祥

著者略歴　上江洲義秀《うえずよしひで》

1950年沖縄の北谷町に生まれる。

幼少の頃から霊的能力に目覚め、様々な現象を周囲の人たちの前であらわす。

1965年、アルゼンチンに渡っていた祖父の元に家族と移住。1972年までおり、22歳の時に帰国。

明想中に内なる声に導かれ、宇宙意識に到達。

さらに真栄田岬にて15年間、終夜明想を続け、完全覚醒。1988年から山梨県に移り、そこを拠点として、日本全国、海外で光話、明想、ヒーリングを続ける。

編集略歴　米倉伸祥《よねくらのぶよし》

北海道出身。

札幌北高校、学習院大学法学部政治学科、同大大学院修了。在学時、故小室直樹氏等が講師を務めた「国際浪人塾」に入塾参加。マルコス政権からアキノ大統領に移行する戒厳令下のフィリピンを取材。その後、韓国、ミャンマー等の途上国調査研究を続ける。

会社経営の傍ら、幅広い分野にわたる出版及びイベントプロデュースに携わる。

神《かみ》さまがくれた
たった一つ《ひと》の宇宙《うちゅう》の法則《ほうそく》

上江洲義秀《うえずよしひで》

明窓出版

平成三十年七月一日初刷発行
発行者――麻生 真澄
発行所――明窓出版株式会社
〒一六四―〇〇一二
東京都中野区本町六―二七―一三
電話 （〇三）三三八〇―八三〇三
FAX （〇三）三三八〇―六四二四
振替 〇〇一六〇―一―一九二七六六
印刷所――中央精版印刷株式会社
落丁・乱丁はお取り替えいたします。
定価はカバーに表示してあります。

ISBN978-4-89634-388-5